Cómo usar la inteligencia emocional para ganar dinero y atraer la abundancia en tu vida.

Transforma tus sentimientos y emociones negativas en oportunidades de éxito en los negocios con la inteligencia emocional. Psicología empresarial

Oscar Berney

Aviso legal y descargo de responsabilidades

Este libro está protegido por los derechos de autor, su propósito es informativo y de uso personal no se puede distribuir, vender, fotocopiar sin el permiso del autor.

La información contenida en este documento es solamente para fines educativos no constituye una guía de inversión se ha hecho todo lo posible por proporcionar información clara precisa y confiable. Los lectores reconocen que el autor no se compromete a brindar asesoramiento legal o financiero de ninguna índole.

Al leer cualquier documento el lector acepta que bajo ninguna circunstancia somos responsables por ganancias o pérdidas directas o indirectas que se puedan producir como resultado del uso de la información aquí contenida.

AGRADECIMIENTOS

La creación de este libro ha sido un viaje lleno de aprendizaje, reflexión y colaboración. No habría sido posible sin el apoyo y la inspiración de muchas personas a lo largo del camino que directa o indirectamente estuvieron comprometidos o implicados.

Primero, quiero expresar mi más profundo agradecimiento a mi familia. A mis padres, por inculcarme desde una edad temprana la importancia de la educación y para que pudiera ser alguien en la vida, la perseverancia. Y a mi pareja e hija, por su amor incondicional y paciencia durante las largas horas dedicadas a este proyecto.

A mis amigos y colegas, gracias por las conversaciones enriquecedoras, los debates apasionados y el constante ánimo que me han brindado. Sus ideas y opiniones han sido fundamentales para dar forma a los conceptos que aquí se presentan.

A mis mentores y maestros, quienes me han guiado y desafiado a lo largo de mi proceso de formación en mi camino hacia la riqueza. Su sabiduría y experiencia han sido una fuente invaluable de inspiración, y por ello, estoy eternamente agradecido.

Quiero también agradecer a los lectores que compren este libro porque me confirman que están interesados en generar un cambio positivo en sus vidas. Ustedes son la razón por la cual este libro existe, y espero sinceramente que encuentren en estas páginas herramientas valiosas para su crecimiento personal y financiero.

Finalmente, quiero agradecer a cada persona que, de una u otra manera, ha influido en mi vida y en la creación de este libro. A aquellos cuyas historias de éxito, resiliencia y determinación han servido de inspiración para los ejemplos aquí compartidos. Su influencia ha sido fundamental para darle vida a este proyecto.

A todos ustedes, gracias. Este libro es el resultado de una labor colectiva, y estoy profundamente agradecido por su apoyo.

CONTENIDO

Introducción

En un mundo donde las finanzas juegan un papel crucial en la calidad de vida, el éxito económico no se trata solo de ganar dinero, inversiones o estrategias de mercado. Hay un factor menos tangible pero igualmente poderoso que puede marcar la diferencia entre una vida de prosperidad y llena de abundancia y una de lucha constante llena de sacrificio, pero sin poder alcanzar las grandes metas y objetivos propuestos. Este libro está diseñado para mostrarte cómo la inteligencia emocional, ese conjunto de habilidades que nos permite reconocer, comprender y gestionar nuestras emociones internas, puede ser la clave para alcanzar la libertad financiera y la abundancia económica que tanto anhelamos.

A lo largo de estos capítulos, exploraremos cómo puedes usar la inteligencia emocional para tomar decisiones financieras más sabias, mantener la motivación en tus objetivos económicos, y manejar los desafíos psicoemocionales que inevitablemente surgirán en el camino hacia la riqueza. Desde aprender a controlar las emociones que se presentan en el trayecto como la ira, estrés, ansiedad, angustia, incertidumbre; la planificación financiera hasta la gestión de relaciones y la aplicación de la tecnología y estrategias avanzadas en la gestión de emociones, cada capítulo te proporcionará herramientas prácticas y ejemplos claros que te ayudarán a aplicar estos conceptos en tu vida diaria y tus negocios.

Este no es solo un libro sobre control de emociones en las finanzas; es una guía para transformar tu relación con el dinero, desarrollando una mentalidad que te permitirá no solo alcanzar tus metas económicas y sostenerlas en el tiempo, sino también disfrutar de una vida plena y equilibrada. Es hora de que tomes el control de tus emociones y las utilices como un motor para generar riqueza y atraer la prosperidad y la abundancia que por mérito propio te pertenece.

Te invito a sumergirte en estas páginas con la mente abierta y el corazón dispuesto. Lo que aprenderás aquí tiene el potencial de cambiar tu vida financiera de maneras que nunca imaginaste. En este libro encontrarás información detallada y práctica. Este es tu momento, ¿estás listo para descubrir cómo la inteligencia emocional puede ser tu mayor aliado en el camino hacia el éxito financiero?

Capítulo 1: introducion a la inteligencia emocional y su impacto en las finanzas.

Introducción

En el mundo de las finanzas personales, a menudo se pasa por alto un componente fundamental para el éxito: la inteligencia emocional. La capacidad de reconocer, comprender y gestionar nuestras emociones es crucial cuando se trata de tomar decisiones financieras saludables.

La inteligencia emocional no se trata solo de controlar nuestras emociones, sino también de utilizarlas de manera efectiva para lograr nuestros objetivos financieros. En este capítulo, exploraremos cómo la inteligencia emocional puede influir en nuestras decisiones financieras y cómo podemos desarrollarla para mejorar nuestra relación con el dinero y la abundancia.

Pero, ¿qué es la Inteligencia Emocional?

La inteligencia emocional se refiere a la habilidad de las personas para identificar y comprender sus propias emociones, así como las de los demás. Implica la capacidad de distinguir y diferenciar entre diferentes sentimientos, asignarles nombres adecuados, y utilizar esta información emocional para orientar el pensamiento y la conducta, además de regular las emociones para adaptarse al entorno y alcanzar las metas.

Por otro lado, el analfabetismo emocional es la carencia de destrezas para comprender, manejar y expresar de manera adecuada las emociones, tanto las propias como las de los demás. Quienes presentan dificultades en la gestión emocional pueden enfrentar problemas de salud mental, relaciones interpersonales poco satisfactorias, dificultades laborales y desafíos en la adaptación social en general. Además, el analfabetismo emocional puede contribuir a la polarización social y a la falta de empatía entre individuos y grupos.

En nuestro cerebro, la parte emocional primitiva se encuentra ubicada en la amígdala y necesita ser controlada por la corteza prefrontal, una estructura mucho más desarrollada. Esta zona nos ayuda a evitar que nuestras conductas sean siempre impulsivas e instintivas, permitiendo que exista un filtro para que nuestra respuesta conductual se adapte a las circunstancias al medio y al entorno.

En resumen, la inteligencia emocional es la capacidad de reconocer, comprender y gestionar nuestras propias emociones, así como las de los demás. Consiste en estar conscientes de cómo nos sentimos en diferentes situaciones y cómo esas emociones pueden influir en nuestro comportamiento y en nuestras interacciones con los demás, a favor o en contra.

Si hablamos de inteligencia emocional debemos mencionar sus dos elementos principales: las habilidades sociales y la autoestima.

Habilidades sociales

Uno de los elementos de la inteligencia emocional son las habilidades sociales. Estas comprenden todo el conjunto de conductas y de creencias que pongo en juego cuando interactúo con los demás. Allí las emociones juegan un papel fundamental, ya que todo lo que hacemos finalmente está mediado por las emociones. En términos de habilidades sociales, el primer concepto que debemos conocer está relacionado con los tipos de estilos comunicativos que existen. Las personas generalmente se mueven según tres tipos de estilos comunicativos:

El **estilo pasivo** es un estilo en el que la persona tiende a poner a los demás por delante de sí misma, se caracteriza por conductas en las que nos cuesta mucho decir que no, nos cuesta hacer críticas y nos las tragamos cuando nos hacen críticas sin quejarnos o dar nuestra opinión. Es un comportamiento o conducta bastante inhibida socialmente. Este tipo de personas suelen ser bien aceptadas socialmente, reciben pocas críticas y pocos conflictos sociales ya que están al servicio de los demás, sin embargo a nivel personal si tiene un costo alto porque al final la persona tiene la sensación de que no está haciendo lo que quiere, de que no está expresando su opinión con libertad, de que se deja manipular o arrastrar por los demás.

Existe otro estilo que estaría en el extremo opuesto, **el agresivo.** En el tipo agresivo sucede un poco al revés, estoy por delante de los demás, es decir, mis prioridades, mis necesidades, mis opiniones, están por delante de lo que sea y de quien sea, se caracterizan por comportamientos que son un poco agresivos en la forma de expresarse o comportarse. Son imponentes, dan opiniones cuando no se les ha pedido, hacen críticas de forma inadecuada, etc.
Este estilo comunicativo tiene muchos más prejuicios a nivel social, recibe muchas críticas de los demás generando un alto conflicto emocional interno.

El estilo pasivo agresivo es más complicado que los dos anteriores porque el individuo tira la piedra y esconder la mano. Se caracteriza por la manipulación, la deshonestidad, y es casi peor que el agresivo porque al menos el agresivo se lo ve venir.

El **estilo asertivo** es la forma ideal que tendríamos que aprender para desenvolvernos porque el aprender a ser asertivo es darse cuenta que los demás y yo estamos al mismo nivel, en el mismo lugar, no tan arriba ni abajo, que tengo derecho a rechazar solicitudes, que tengo derecho a hacer críticas constructivas o a pedir un cambio de comportamiento en el otro, que tengo que aprender a saber si quiero o no aceptar críticas cuando se dan y ver qué hago con ellas, etc., o sea, es un estilo en el que todos estamos al mismo nivel y tengo la libertad de buscar mi propia felicidad.

Las personas no siempre nos comportamos de una determinada manera, nuestro comportamiento a veces dependerá del entorno, el medio y las personas que nos rodean. En ocasiones podemos mostrar un comportamiento pasivo, ser agresivo en otras o asertivos y decir lo que pensamos.

La autoestima

Es el otro componente de la inteligencia emocional. La autoestima implica la aceptación de uno mismo, aprender a amarse conforme uno es, con sus puntos fuertes, sus puntos débiles y sobre todo el saber enfocar el crecimiento personal a nuestra vida de una manera que podamos desbloquear nuestro potencial para no quedarnos estancados y encontrar una mejor versión de nosotros mismos que nos permita resolver las dificultades que se nos presentarán o aquellos aspectos que interfieren en nuestras relaciones sociales.

El tener una autoestima sólida es muy valioso para nuestro crecimiento personal, emocional y empresarial porque nos va a hacer sentir fuertes, valiosos, competentes, capaces y nos va a servir de fuente motivacional para alcanzar nuestras metas, objetivos y logros.

Componentes clave de la inteligencia emocional para alcanzar el éxito en la vida personal y las finanzas

Comprender y manejar nuestras propias emociones, así como las de los demás, nos ayuda a tomar decisiones más efectivas, mejorar nuestras relaciones y alcanzar nuestros objetivos. Comprender los componentes de la inteligencia emocional es demasiado importante si queremos tener éxito en las relaciones personales, el amor, el dinero o las finanzas. A continuación, exploraremos los cinco componentes clave de la inteligencia emocional y cómo se aplican en diferentes contextos.

1- Conciencia emocional

La conciencia emocional es la capacidad de reconocer y comprender nuestras propias emociones. Esto implica estar consciente de lo que sentimos en diferentes situaciones y cómo esas emociones afectan nuestro pensamiento y comportamiento. Por ejemplo, en un entorno laboral, la conciencia emocional nos permite reconocer cuando estamos sintiendo estrés debido a una carga de trabajo abrumadora, lo que nos permite tomar medidas para manejarlo, como delegar tareas o tomar un breve descanso. La conciencia emocional nos permite identificar y etiquetar nuestras emociones de manera precisa, lo que a su vez nos ayuda a manejarlas de manera más efectiva.

Ejemplos prácticos

• **Sentirnos frustrados en el trabajo:** la conciencia emocional nos permite reconocer esta emoción y entender por qué nos sentimos así. Esto nos ayuda a identificar si la frustración se debe a una carga de trabajo abrumadora, una falta de reconocimiento, mala paga o cualquier otro factor. Una vez que entendemos la causa de nuestra emoción, podemos tomar medidas para manejarla de manera adecuada, como hablar con nuestro jefe sobre la carga de trabajo, pedir un aumento, practicar técnicas de manejo del estrés o buscar otro trabajo donde nos sintamos más cómodos.

• **Gastos impulsivos**: una persona con conciencia emocional es consciente de cómo sus emociones pueden influir en sus decisiones financieras. Por ejemplo, si alguien está pasando por un período de estrés o ansiedad, puede ser más propenso a realizar compras impulsivas para sentirse mejor temporalmente. Al tener conciencia emocional, esta persona puede identificar cuándo sus emociones están afectando sus decisiones financieras y tomar medidas para controlar sus impulsos, como establecer un presupuesto o buscar actividades alternativas para aliviar el estrés.

• **Inversiones emocionales**: otra situación común es cuando las personas se aferran a inversiones emocionales, como acciones de una empresa en la que trabajaron o un negocio familiar. Aunque la lógica indica que deberían vender estas inversiones si ya no son financieramente viables, las emociones pueden dificultar esta decisión. Una persona con conciencia emocional puede reconocer este apego emocional y tomar decisiones financieras basadas en análisis objetivos en lugar de en emociones pasadas.

La conciencia emocional también implica ser consciente de cómo nuestras emociones afectan a los demás. Esto nos ayuda a regular nuestro comportamiento en situaciones sociales para evitar reacciones inapropiadas o conflictos.

2- Autocontrol

El autocontrol es la capacidad de regular nuestras emociones, pensamientos y comportamientos en diferentes situaciones. Implica ser consciente de nuestras reacciones automáticas y tener la capacidad de pausar, reflexionar y responder de manera consciente en lugar de reaccionar y actuar impulsivamente. El autocontrol nos ayuda a manejar situaciones estresantes, controlar nuestros impulsos y mantener la calma en momentos difíciles.

No se trata de ignorar tus emociones negativas, sino de manejarlas de manera que no te controlen. El autocontrol emocional implica gestionar tus emociones para evitar actuar por impulso. Significa ser capaz de resistir los impulsos y esperar el momento adecuado para expresar tus emociones de manera apropiada. También implica no tomar decisiones importantes cuando estás emocionalmente alterado, ya sea por euforia, ansiedad o desesperación.

Ejemplos prácticos:

• **En una situación de conflicto**: el autocontrol nos permite mantener la compostura y responder de manera tranquila y respetuosa en lugar de dejarnos llevar por la ira o la frustración. Es pensar antes de hablar, de reaccionar o de actuar y expresar tus emociones de la manera adecuada. En el ámbito laboral, el autocontrol nos ayuda a mantener el enfoque en nuestras tareas y evitar distracciones, lo que puede mejorar nuestra productividad y desempeño.

• **Gastos impulsivos**: una persona con autocontrol puede resistir la tentación de realizar compras impulsivas. Por ejemplo, puede evitar comprar un artículo costoso que no necesita solo porque está en oferta o porque quiere gratificarse emocionalmente en ese momento. En cambio, esta persona se detendría a reflexionar sobre la necesidad real del artículo y cómo esa compra afectaría su presupuesto y objetivos financieros a largo plazo.

• **Inversiones emocionales**: el autocontrol también se aplica en el ámbito de las inversiones. Una persona con autocontrol puede resistir la tentación de vender sus inversiones en un momento de pánico en el mercado y en su lugar, tomar decisiones basadas en un análisis objetivo de la situación financiera y las perspectivas a largo plazo de la inversión. Esto puede ayudar a evitar decisiones precipitadas que podrían resultar en pérdidas financieras significativas a largo plazo.

El autocontrol es muy importante cuando nos planteamos metas financieras a largo plazo. Nos permite resistir la tentación de tomar decisiones impulsivas que puedan interferir con nuestros objetivos y mantenernos enfocados en el camino hacia su logro. El autocontrol es una habilidad fundamental en el desarrollo de la inteligencia emocional, ya que nos permite manejar nuestras emociones de manera efectiva y tomar decisiones conscientes y reflexivas en diferentes aspectos de nuestra vida.

3- Motivación

La motivación es un componente clave que se refiere a la capacidad de dirigir nuestras emociones hacia metas significativas y mantenernos enfocados en alcanzarlas a pesar de los obstáculos. En términos simples, la motivación es lo que nos impulsa a actuar y perseguir nuestros objetivos.

Ejemplos prácticos

• **Perseverar pese al fracaso**: en el contexto laboral, la motivación emocional puede impulsar a un emprendedor a seguir adelante a pesar de los fracasos iniciales, buscando constantemente nuevas formas de mejorar su negocio.

• **Ahorro para un objetivo específico**: una persona puede estar motivada para ahorrar dinero con el fin de alcanzar un objetivo financiero específico, como comprar una casa, pagar la educación de sus hijos o jubilarse temprano. Esta motivación intrínseca puede impulsar a la persona a establecer un plan de ahorro y mantener la disciplina para cumplirlo, incluso sacrificando gastos innecesarios en el camino.

• **Inversión para el futuro**: otra forma de motivación en el ámbito financiero es la inversión para el futuro. Una persona puede estar motivada a invertir su dinero en acciones, bienes raíces u otros activos financieros con el objetivo de hacer crecer su patrimonio y asegurar su futuro financiero. Esta motivación puede provenir del deseo de alcanzar la libertad financiera, tener un fondo de emergencia sólido o dejar un legado financiero para sus seres queridos.

Existen dos tipos principales de motivación: la **motivación intrínseca** y la **motivación extrínseca**. La motivación intrínseca proviene de satisfacer una necesidad interna, como el deseo de aprender, crecer o superar desafíos personales, te permite tener confianza en ti mismo, saber tranquilizarse cuando las cosas van mal y poder modificar los objetivos en caso que se requieran o encontrar otras maneras de alcanzarlos. Por otro lado, la motivación extrínseca proviene de factores externos, como recompensas, reconocimiento o presión social.

Ejemplo de motivación intrínseca aplicado a las finanzas personales

Una persona que ha experimentado dificultades financieras en el pasado y se ha propuesto cambiar su situación actual. Esta persona se motiva internamente por el deseo de lograr estabilidad financiera y alcanzar la libertad económica.

Para lograr este objetivo, la persona adopta hábitos financieros más saludables, como crear un presupuesto, reducir gastos innecesarios, aumentar sus fuentes de ingresos y aprender sobre inversiones. A medida que implementa estos cambios, la persona experimenta una sensación de empoderamiento y control sobre su situación financiera, lo que refuerza su motivación al ahorro y la inversión.

Esta motivación intrínseca no solo impulsa a la persona a tomar decisiones financieras más inteligentes, sino que también mejora su bienestar general al reducir el estrés financiero y aumentar su sentido de seguridad y logro personal. Una persona motivada en aquellas situaciones más frustrantes tiene más capacidad de éxito que una persona que no está motivada. La motivación mantiene la fuerza para seguir adelante cuando se presentan obstáculos en tu vida.

Ejemplo de motivación extrínseca

Un empleado que recibe un bono por desempeño en su trabajo. Este bono está directamente relacionado con los resultados financieros que logra la empresa gracias a su labor.

La motivación extrínseca en este caso proviene del incentivo financiero adicional que el empleado recibirá si logra cumplir o superar ciertos objetivos financieros establecidos por la empresa. Este tipo de motivación puede impulsar al empleado a esforzarse más en su trabajo, buscar maneras de aumentar su productividad y contribuir de manera más significativa a los resultados financieros de la empresa.

Para mantener la motivación, es importante tener metas claras y significativas. Establecer objetivos alcanzables pero desafiantes puede ayudarnos a mantenernos motivados y enfocados en el camino hacia su logro. Además, es importante cultivar una actitud positiva y mantener la perseverancia, incluso cuando enfrentamos dificultades.

4- Empatía

La empatía es la capacidad de comprender y compartir los sentimientos de los demás, poniéndose en su lugar y viendo las cosas desde su perspectiva. Implica ser sensible a las emociones de los demás y responder de manera comprensiva y solidaria. Es ver y sentir desde la perspectiva de la otra persona.

La empatía no solo implica comprender cómo se sienten los demás, sino también mostrarles compasión y apoyo. Esto puede significar ofrecer consuelo a alguien que está pasando por un momento difícil, brindar ayuda a alguien que lo necesita o simplemente escuchar activamente a alguien que necesita desahogarse.

La empatía es una habilidad interpersonal fundamental que nos ayuda a relacionarnos mejor con los demás, fortalecer nuestras relaciones y construir un mundo más compasivo y comprensivo. En el ámbito profesional, la empatía es especialmente importante en roles que requieren interacción con clientes, colegas o subordinados, ya que ayuda a crear un ambiente de trabajo más colaborativo y empático.

Ejemplos prácticos de empatía

• **Negociación de deudas:** una empresa financiera que muestra empatía puede ofrecer opciones de negociación flexibles a los clientes que están luchando por pagar sus deudas. En lugar de imponer medidas punitivas, como el embargo o la cancelación de servicios, la empresa puede trabajar con el cliente para encontrar un plan de pago que sea realista y que tenga en cuenta la situación financiera del cliente.

• **Asesoramiento financiero personalizado:** un asesor financiero empático no solo se enfoca en los números y las inversiones, sino que también se preocupa por las metas y preocupaciones personales de sus clientes. El asesor puede ofrecer soluciones financieras que se alineen con los valores y objetivos del cliente, además de brindar apoyo emocional y motivación durante los momentos difíciles.

5- Las habilidades sociales

Las habilidades sociales se refieren a la capacidad de interactuar de manera efectiva y armoniosa con otras personas. Involucran una serie de comportamientos, actitudes y competencias que nos permiten comunicarnos de manera clara, resolver conflictos de manera constructiva, colaborar en equipo y establecer relaciones saludables y significativas.

Las habilidades sociales incluyen la capacidad de escuchar activamente, expresar nuestras ideas de manera clara, manejar el estrés y las emociones en situaciones sociales, y adaptar nuestro comportamiento según el contexto y las personas con las que interactuamos. También implican ser empático y comprensivo con los demás, mostrando interés genuino por sus necesidades y sentimientos.

En el ámbito laboral, las habilidades sociales son fundamentales para el éxito profesional, ya que nos permiten trabajar de manera efectiva en equipo, liderar de forma inspiradora, negociar con éxito y construir redes de contactos sólidas. En la vida cotidiana, estas habilidades nos ayudan a establecer y mantener relaciones personales satisfactorias, resolver conflictos de manera pacífica y adaptarnos a diferentes entornos sociales.

Ejemplos prácticos

• **Gestión de equipos y liderazgo en proyectos financieros**: en un entorno empresarial, las habilidades sociales son fundamentales para gestionar equipos y liderar proyectos financieros. Esto implica la capacidad de comunicarse de manera efectiva con los miembros del equipo, motivarlos y mantener un ambiente de trabajo positivo y colaborativo. Un buen líder financiero sabe cómo delegar tareas de manera eficiente, resolver conflictos de manera constructiva y fomentar la cooperación entre los miembros del equipo para lograr los objetivos financieros establecidos.

• **Negociación de contratos y acuerdos financieros**: una persona con habilidades sociales desarrolladas puede negociar con éxito contratos y acuerdos financieros. Esto implica la capacidad de comunicarse de manera clara y persuasiva, escuchar activamente las necesidades y preocupaciones de la otra parte, y llegar a compromisos mutuamente beneficiosos. Por ejemplo, en una negociación de salario, una persona con habilidades sociales puede negociar un aumento justo basado en su desempeño y contribución al trabajo, sin generar conflictos innecesarios

La importancia del control de emociones en las finanzas

En el ámbito financiero, a menudo pasamos por alto la importancia de la inteligencia emocional y el control de emociones en nuestras decisiones sobre el dinero. Solemos enfocarnos en los aspectos racionales y lógicos, sin considerar cómo nuestras emociones pueden influir en nuestras elecciones financieras. Es crucial comprender cómo nuestras emociones pueden ser tanto aliadas como enemigas en el mundo financiero, siendo fundamental recibir orientación valiosa al respecto.

Ejemplos y consejos prácticos

La felicidad: cuando nos sentimos felices, es fácil creer que nuestros ingresos son estables y que nada puede afectar nuestra salud financiera. Sin embargo, este sentimiento puede llevarnos a gastar de más y descuidar la planificación financiera a largo plazo. Es importante recordar la importancia de ahorrar e invertir para estar preparados ante imprevistos.

La tristeza: en momentos de tristeza, es común recurrir a las compras para intentar llenar ese vacío emocional. Sin embargo, es fundamental comprender que la felicidad no se encuentra en los bienes materiales. En lugar de gastar impulsivamente, es importante buscar formas saludables de lidiar con la tristeza, como buscar apoyo emocional o practicar actividades que nos gusten.

El enojo: el enojo puede llevarnos a perder el control de nuestras finanzas. En un momento de ira, podemos endeudarnos solo para demostrar que teníamos razón. Es esencial esperar a calmarnos y analizar la situación con claridad antes de tomar decisiones financieras precipitadas y perjudiciales.

El miedo: el miedo puede convertirse en nuestro peor enemigo en cuestiones financieras. Debemos aprender a desprendernos del dinero y comprender que es un recurso que facilita la vida, pero que no define nuestra identidad. Superar el miedo a perder nos permite tomar decisiones financieras más audaces y abrir nuevas puertas y oportunidades de crecimiento económico.

El deseo de impresionar: vivir para impresionar a los demás puede llevarnos por un camino peligroso en nuestras finanzas. Gastar más de lo que podemos permitirnos para mantener una imagen de éxito puede conducirnos a la quiebra y generar un profundo vacío en nuestras vidas. Es fundamental dejar de lado la preocupación por lo que piensen los demás y concentrarnos en construir un futuro financiero sólido.

Impulsividad en las compras: cuando estamos emocionalmente excitados, como cuando estamos felices o estresados, es más probable que tomemos decisiones impulsivas en nuestras compras. Por ejemplo, alguien que está emocionado por un nuevo trabajo puede ser más propenso a gastar en artículos de lujo para celebrar, incluso si no se ajustan a su presupuesto. En este caso, una mayor inteligencia emocional podría ayudar a esa persona a reconocer su emoción y tomar una decisión más reflexiva y acorde con sus objetivos financieros a largo plazo.

La inteligencia emocional es crucial en las finanzas porque influye en cómo manejamos el dinero, tomamos decisiones y la forma como nos relacionamos con otros en contextos económico. Nos ayuda a una mayor estabilidad económica y bienestar emocional.

Beneficios de desarrollar la inteligencia emocional en el ámbito financiero

Desarrollar la inteligencia emocional en el ámbito financiero puede tener una serie de beneficios significativos que impactan directamente en nuestra salud financiera y bienestar emocional. Algunos de los beneficios más destacados incluyen:

Toma de decisiones más informadas: al desarrollar la inteligencia emocional, podemos tomar decisiones financieras más conscientes y basadas en la razón. Esto nos permite evaluar mejor las opciones disponibles y elegir la más adecuada para nuestros objetivos financieros a largo plazo.

Gestión del estrés financiero: la inteligencia emocional nos ayuda a manejar el estrés asociado con las finanzas. En lugar de dejar que el estrés nos abrume, podemos utilizar técnicas de gestión emocional para mantener la calma y abordar los desafíos financieros de manera más efectiva.

Mejora de las relaciones financieras: la inteligencia emocional también puede mejorar nuestras relaciones financieras con los demás. Al ser conscientes de nuestras propias emociones y las de los demás, podemos comunicarnos de manera más efectiva y resolver conflictos financieros de manera constructiva.

Establecimiento de metas financieras significativas: al comprender nuestras emociones y motivaciones subyacentes, podemos establecer metas financieras que sean realmente significativas para nosotros. Esto nos ayuda a mantenernos enfocados y motivados para alcanzar dichas metas.

Resistencia a las tentaciones financieras impulsivas: desarrollar la inteligencia emocional nos permite resistir las tentaciones financieras impulsivas. En lugar de ceder a la presión emocional del momento, podemos tomar decisiones financieras más reflexivas y a largo plazo.

En conjunto, estos beneficios demuestran que la inteligencia emocional no solo es importante para nuestra salud emocional, sino también para nuestra salud financiera. Al desarrollar esta habilidad, podemos aprender a controlar nuestras emociones mejorando significativamente nuestra capacidad para tomar decisiones inteligentes y alcanzar nuestros objetivos a mediano y largo plazo.

Estrategias prácticas para desarrollar la inteligencia emocional en las finanzas

Aquí hay algunas estrategias prácticas que pueden ayudarte a fortalecer esta habilidad:

Autoconciencia financiera: toma tiempo para reflexionar sobre cómo te sientes acerca del dinero. ¿Qué emociones surgen cuando piensas en tus finanzas? Mantén un diario financiero donde puedas registrar tus pensamientos y emociones relacionados con el dinero. Por ejemplo, si sientes ansiedad al revisar tus estados de cuenta, anota qué situaciones específicas te generan ese sentimiento.

Autogestión emocional: una vez que identifiques tus emociones financieras, trabaja en controlarlas de manera positiva. Por ejemplo, si te sientes abrumado por la deuda, establece un plan de pago gradual y enfócate en metas financieras alcanzables. Practica técnicas de relajación, como la meditación o el yoga, para manejar el estrés financiero.

Empatía financiera: intenta ponerte en el lugar de los demás cuando se trata de finanzas. Si tienes un conflicto financiero con un ser querido, trata de comprender su punto de vista y sus emociones. Escucha activamente y busquen soluciones juntos. Por ejemplo, si tu pareja tiene miedo de invertir en el mercado de valores, escucha sus preocupaciones y considera opciones menos arriesgadas que puedan satisfacer a ambos.

Habilidades sociales: como ya se ha mencionado, mejorar tus habilidades sociales te permite aprender a expresar tus emociones de manera asertiva y a escuchar activamente las preocupaciones de los demás. Por ejemplo, si estás discutiendo un presupuesto familiar, comunica tus necesidades y preocupaciones de manera clara y respetuosa.

Educación financiera continua: nunca dejes de aprender sobre finanzas. Asiste a seminarios, lee libros y sigue blogs financieros para mantener tu conocimiento actualizado. Cuanto más sepas sobre finanzas, más seguro te sentirás al tomar decisiones financieras importantes. Por ejemplo, si estás considerando invertir en acciones, investiga sobre el mercado y busca consejos de expertos antes de tomar una decisión.

Conclusiones finales del capítulo 1

Hemos explorado la importancia de la inteligencia emocional en el ámbito financiero y cómo puede influir en nuestras decisiones económicas. Hemos aprendido que la inteligencia emocional no solo se trata de reconocer y gestionar nuestras propias emociones, sino también de comprender las emociones de los demás y cómo afectan nuestro entorno con el dinero.

Conceptos Clave

1. La inteligencia emocional nos ayuda a tomar decisiones financieras más informadas y conscientes.

2. Identificar y gestionar nuestras emociones nos permite manejar el estrés financiero y mejorar nuestras relaciones financieras.

3. Desarrollar la inteligencia emocional en el ámbito financiero nos ayuda a resistir las tentaciones financieras impulsivas y establecer metas financieras significativas.

Estos conceptos clave son fundamentales para el resto del libro, ya que nos guiarán en la exploración de cómo la inteligencia emocional puede transformar nuestras finanzas y nuestra vida en general. Al comprender y aplicar estos conceptos, estaremos mejor equipados para tomar decisiones financieras más inteligentes y alcanzar nuestros objetivos financieros a largo plazo.

Te invitamos a seguir explorando cómo la inteligencia emocional puede transformar tus finanzas y tu vida en general. En los siguientes capítulos, profundizaremos en estrategias prácticas para desarrollar tu inteligencia emocional en el ámbito financiero y cómo aplicarla en situaciones financieras cotidianas.

Capítulo 2: identificación y gestión de emociones

Introducción

En el emocionante viaje hacia el dominio de nuestras emociones en el ámbito económico y financiero, hemos descubierto la importancia de la inteligencia emocional para tomar decisiones más acertadas y para atraer la abundancia a nuestras vidas. En el primer capítulo, exploramos cómo nuestras emociones influyen en nuestras decisiones financieras y cómo podemos utilizar la inteligencia emocional para mejorar nuestra salud monetaria. Ahora, en el capítulo 2, nos adentraremos en la identificación y gestión de nuestras emociones en el contexto económico y del dinero.

¿Alguna vez te has sentido abrumado por tus emociones al tomar decisiones económicas importantes? ¿Te has dejado llevar por el miedo al invertir o la euforia al ganar dinero? En este capítulo, aprenderás a reconocer y comprender tus emociones para tomar decisiones más conscientes y efectivas. Descubrirás estrategias prácticas para identificar y gestionar tus emociones en situaciones financieras, lo que te permitirá tomar el control de tus finanzas y atraer mayores oportunidades de éxito.

Este capítulo te guiará a través de técnicas y ejercicios que te ayudarán a fortalecer tu inteligencia emocional en el ámbito financiero. Al finalizar, estarás mejor equipado para enfrentar los desafíos económicos con confianza y para convertir tus emociones en aliadas en tu camino hacia la abundancia economía, el dinero y el éxito personal. ¡Prepárate para descubrir cómo dominar tus emociones puede transformar tus finanzas y tu vida!

Identificación de emociones

Antes de poder gestionar nuestras emociones en situaciones financieras, es crucial poder identificarlas correctamente. Muchas veces, nuestras emociones pueden ser complejas y difíciles de reconocer, especialmente cuando se trata de decisiones relacionadas con el dinero. Sin embargo, la capacidad de identificarlas nos permite tomar decisiones más conscientes y evitar reacciones impulsivas.

Cómo identificar nuestras emociones en situaciones financieras:

- **Autoconciencia emocional:** la autoconciencia emocional es la capacidad de reconocer nuestras propias emociones en el momento en que ocurren. Esto implica estar atentos a cómo nos sentimos cuando tomamos decisiones sobre el dinero. Por ejemplo, como se explica en el capitulo anterior podemos sentir ansiedad al enfrentarnos a una deuda importante o euforia al recibir un ingreso inesperado.

- **Identificación de causas emocionales:** es importante identificar las causas subyacentes de nuestras emociones en situaciones. Por ejemplo, si nos sentimos ansiosos al revisar nuestros estados financieros, puede ser porque tenemos miedo de no poder cumplir con nuestras obligaciones. Identificar estas causas nos ayuda a abordar nuestras emociones de manera más efectiva.

- **Observación de cuerpo y mente:** nuestro cuerpo y mente suelen dar señales sobre nuestras emociones. Por ejemplo, podemos sentir tensión en los músculos o experimentar pensamientos acelerados cuando estamos preocupados por cuestiones financieras. Observar estas señales nos ayuda a identificar nuestras emociones y abordarlas de manera proactiva.

- **Reflexión posterior:** después de tomar una decisión financiera, es útil reflexionar sobre cómo nos sentimos al respecto. ¿Sentimos alivio, arrepentimiento, satisfacción? Esta reflexión nos ayuda a entender cómo nuestras emociones afectan nuestras decisiones y nos permite aprender de nuestras experiencias pasadas.

Beneficios de identificar nuestras emociones en situaciones financieras:

1. **Toma de decisiones más conscientes:** al identificar nuestras emociones, podemos tomar decisiones más conscientes y basadas en la razón en lugar de en la emoción.
2. **Gestión del estrés financiero:** identificar nuestras emociones nos ayuda a gestionar el estrés financiero de manera más efectiva, lo que puede mejorar nuestra salud mental y bienestar general.
3. **Mejora de las relaciones financieras:** al ser conscientes de nuestras emociones, podemos

comunicarnos de manera más efectiva con nuestra pareja o familia sobre cuestiones económicas, lo que puede mejorar nuestras relaciones y reducir conflictos.

Identificación de emociones

A menudo, nuestras emociones pueden ser confusas o difíciles de reconocer, pero aprender a identificarlas nos permite entender mejor cómo afectan nuestras decisiones. A continuación, se presentan otros ejemplos prácticos de cómo podemos identificar nuestras emociones en el campo de las finanzas y las inversiones:

• **Miedo a la pérdida**: imagina que estás considerando invertir en el mercado de valores, pero sientes un nudo en el estómago y una sensación de ansiedad al pensar en la posibilidad de perder dinero. Identificar este miedo te permite abordarlo de manera consciente y tomar decisiones más informadas sobre tu inversión.

• **Euforia por el éxito**: supongamos que has tenido un éxito financiero, como recibir un bono en el trabajo o ganar una apuesta. Puedes sentirte emocionado y lleno de energía, lo que podría llevar a tomar decisiones financieras impulsivas. Identificar esta euforia te permite tomar un momento para reflexionar antes de tomar decisiones importantes.

• **Frustración por obstáculos financieros**: si te encuentras enfrentando obstáculos financieros, como deudas o gastos inesperados, es posible que sientas frustración o impotencia. Identificar esta emoción te ayuda a buscar soluciones y a mantener una actitud positiva hacia tus finanzas.

• **Alegría por el progreso financiero**: por otro lado, si has logrado alcanzar una meta financiera, como ahorrar para un objetivo importante, es probable que sientas una sensación de logro y satisfacción. Identificar esta alegría te motiva a seguir trabajando hacia tus objetivos financieros.

La identificación de nuestras propias emociones cuando tomamos decisiones económicas es una habilidad clave de la inteligencia emocional que puede mejorar significativamente nuestra gestión del dinero. Al ser conscientes de cómo nos sentimos nos ayuda a tomar decisiones más acertadas y satisfactorias, alcanzar nuestras metas y a mantener un equilibrio emocional en nuestras vidas.

Comprensión de emociones

Una vez que hemos identificado nuestras emociones financieras, es importante comprender por qué sentimos lo que sentimos. La comprensión de nuestras emociones nos permite abordarlas de manera más efectiva y tomar decisiones financieras más informadas. Aquí hay algunas estrategias para comprender nuestras emociones financieras:

• **Reflexión profunda**: tómate el tiempo necesario para reflexionar sobre tus emociones y sentimientos. Pregúntate a ti mismo qué eventos o situaciones desencadenan ciertas emociones y por qué. Por ejemplo, si sientes ansiedad al revisar tus finanzas, trata de identificar si esta ansiedad está relacionada con el miedo a no tener suficiente dinero para cubrir tus gastos.

- **Identificación de creencias subyacentes**: examina tus creencias subyacentes sobre el dinero y cómo estas pueden influir en tus emociones financieras. Por ejemplo, si crees que el dinero es difícil de conseguir, es probable que sientas más ansiedad al tomar decisiones financieras.

- **Diálogo interno constructivo**: desarrolla un diálogo interno constructivo para desafiar y cambiar tus creencias limitantes sobre el dinero. Por ejemplo, si crees que no eres bueno manejando el dinero, cámbialo por afirmaciones positivas como "Estoy aprendiendo a tomar decisiones financieras inteligentes" O "soy un buen administrador de mi dinero".

- **Empatía hacia uno mismo**: practica la empatía hacia ti mismo al enfrentarte a emociones financieras negativas. Reconoce que es natural sentir miedo o ansiedad en ciertas situaciones financieras y permítete sentir estas emociones sin juzgarte.

- **Aprendizaje de experiencias pasadas**: reflexiona sobre experiencias financieras pasadas y cómo te han afectado emocionalmente. Identifica qué lecciones puedes aprender de estas experiencias y cómo puedes aplicarlas en el futuro.

Al comprender nuestras emociones financieras, podemos abordarlas de manera más efectiva y tomar decisiones financieras más conscientes y equilibradas. La comprensión de nuestras emociones nos permite utilizarlas como guía para tomar decisiones financieras más acertadas y alcanzar nuestros objetivos financieros a largo plazo.

Gestión de emociones negativas en el ámbito financiero

En el ámbito financiero, las emociones negativas como el miedo, la impaciencia, la ansiedad o el estrés pueden surgir con frecuencia. Estas emociones, si no se gestionan adecuadamente, pueden llevarnos a tomar decisiones precipitadas o poco acertadas que pueden comprometer nuestra finanzas y estabilidad económica a corto y largo plazo. A continuación, se presentan algunas estrategias efectivas para gestionar estas emociones y consejos prácticos para mantener la calma y la claridad mental en momentos de tensión financiera.

Estrategias para gestionar emociones negativas

1. **Reconocimiento y aceptación de las emociones:** el primer paso para gestionar cualquier emoción negativa es reconocer su presencia volverla consciente y aceptarla. Es fundamental entender que sentir miedo o ansiedad en situaciones financieras desafiantes es completamente normal. La aceptación de estas emociones, en lugar de reprimirlas, nos permite abordarlas de manera más constructiva.

Consejo práctico: si sientes miedo al enfrentar una inversión arriesgada, en lugar de ignorar o reprimir ese miedo, identifica su origen. Pregúntate: *¿Por qué me siento así? ¿Es una falta de* *conocimiento o experiencia? ¿Estoy preocupado por el impacto potencial en mi estabilidad financiera?* Reconocer el miedo te permitirá buscar soluciones, como consultar con un asesor financiero o educarte más sobre la inversión. Recuerda que nunca debes invertir dinero en algo que no conoces.

2. **Respiración y relajación:** técnicas de respiración y relajación pueden ser herramientas poderosas para calmar la mente en momentos de estrés financiero. La respiración profunda ayuda a reducir la tensión física y mental, permitiéndonos recuperar el control de nuestras emociones antes de tomar decisiones importantes.

Consejo práctico: cuando te enfrentes a una situación financiera estresante, como una deuda inesperada o la caída del mercado de valores, dedica unos minutos a practicar la respiración profunda. Inhala lentamente por la nariz, sostén la respiración por un momento y luego exhala lentamente por la boca. Repite este proceso varias veces hasta que sientas una disminución en tu nivel de estrés o ansiedad.

3. **Aplazamiento de decisiones:** en momentos de alta emoción, es fácil tomar decisiones impulsivas que luego lamentamos. Una estrategia efectiva es posponer decisiones importantes hasta que las emociones se hayan calmado. Este período de reflexión permite analizar la situación con una perspectiva más clara y racional.

Consejo práctico: si te sientes impaciente por vender una inversión que ha perdido valor, en lugar de actuar inmediatamente, comprométete a esperar al menos 24 horas.

Durante ese tiempo, revisa la situación, consulta fuentes confiables y considera las posibles consecuencias de tu decisión. Este enfoque te ayuda a evitar decisiones impulsivas basadas en el miedo, el pánico del mercado o la impaciencia.

4. **Desarrollo de una mentalidad de largo plazo:** el miedo y la impaciencia a menudo surgen cuando nos enfocamos demasiado en los resultados inmediatos. Cultivar una mentalidad de largo plazo en tus finanzas puede ayudarte a gestionar mejor estas emociones. Recuerda que la mayoría de los objetivos financieros importantes, como la jubilación o la compra de una vivienda, requieren tiempo y paciencia. De aquí sale el viejo dicho: *Roma no se construyó en un solo día.*

Consejo práctico: establece metas financieras claras a corto, mediano y largo plazo y recuerda constantemente por qué son importantes para ti. Cuando sientas que el miedo o la impaciencia te abruman, vuelve a tus metas y recuerda que los pequeños contratiempos son parte del camino hacia el éxito financiero a largo plazo.

Consejos prácticos para mantener la calma y la claridad mental

1. **Practica la gratitud financiera:** enfocarte en lo que tienes en lugar de lo que te falta puede ayudarte a reducir la ansiedad financiera. Mantén un diario de gratitud donde registres tres aspectos positivos de tu situación financiera cada día. Esto te ayudará a mantener una perspectiva positiva y reducir el estrés.

2. **Divide y conquista**: cuando enfrentas una situación financiera abrumadora, como una gran deuda o una caída en ingresos, divídela en partes manejables. Crea un plan de acción paso a paso para abordar el problema. Esto te dará una sensación de control y reducirá la sensación de estar abrumado.

Consejo práctico: si tienes una deuda significativa, divídela en pagos manejables y enfócate en pagar una cantidad específica cada mes. Ver cómo tu deuda disminuye gradualmente puede ayudarte a mantener la calma y la motivación.

3. **Busca apoyo:** no subestimes el valor de compartir tus preocupaciones financieras con alguien de confianza. Hablar con un amigo, familiar o asesor financiero puede ofrecerte nuevas perspectivas y reducir la carga emocional. Saber que no estás solo en tu situación puede ser un gran alivio.

4. **Autocuidado:** finalmente, cuidar de tu bienestar físico y mental es crucial para mantener la calma en momentos de tensión financiera. Asegúrate de dormir lo suficiente, comer de manera saludable y hacer ejercicio regularmente. Estas prácticas no solo mejoran tu salud general, sino que también te preparan mejor para enfrentar desafíos financieros con una mente clara, para tomar decisiones más racionales en momentos críticos.

Convertir emociones en activos

Las emociones, a menudo vistas como obstáculos, pueden transformarse en poderosos activos cuando se gestionan adecuadamente. La **motivación** y la **determinación** no solo nos impulsan a actuar, sino que también nos brindan la energía y el enfoque necesarios para alcanzar nuestras metas financieras. A continuación, exploraremos cómo convertir estas emociones en herramientas efectivas para el éxito financiero.

La motivación como motor del progreso financiero

La motivación es la fuerza interna que nos impulsa a tomar acción hacia nuestros objetivos. En el contexto financiero, la motivación puede ser la diferencia entre quedarse estancado en una situación económica desafiante o dar pasos significativos hacia la mejora y el crecimiento.

1. **Establecimiento de metas claras y alcanzables:** una de las formas más efectivas de canalizar la motivación es estableciendo metas financieras claras y alcanzables. Estas metas actúan como un norte, dándote una dirección hacia la cual enfocar tu energía. Cuando sabes exactamente lo que quieres lograr, ya sea pagar una deuda, ahorrar para la jubilación o invertir en un negocio, la motivación se convierte en un recurso invaluable.

Consejo práctico: imagina que tu meta es ahorrar un fondo de emergencia equivalente a seis meses de gastos. Cada vez que sientas la tentación de gastar en algo innecesario, recuerda tu meta. Visualiza cómo tener ese fondo te dará seguridad y tranquilidad en tiempos de incertidumbre. Esta visualización refuerza tu motivación para seguir adelante con tu plan de ahorro.

2. **Celebración de pequeños logros:** mantener la motivación a largo plazo puede ser un desafío, especialmente cuando los resultados no son inmediatos. Una estrategia para mantener la motivación alta es celebrar pequeños logros a lo largo del camino. Cada paso que te acerque a tu meta, por pequeño que sea, es una victoria que merece reconocimiento.

Consejo práctico: si tu objetivo es pagar tu casa, celebra cada vez que realices un pago significativo. Esto podría ser tan simple como disfrutar de una pequeña recompensa que no comprometa tu presupuesto, como un día de descanso o una cena especial en casa. Estas celebraciones fortalecen tu motivación para continuar trabajando hacia tus metas financieras.

La determinación como base para superar obstáculos

La determinación es la capacidad de mantener el enfoque y la persistencia, incluso cuando enfrentas dificultades. En las finanzas, la determinación te permite seguir adelante cuando las cosas se ponen difíciles, y es fundamental para superar los desafíos que inevitablemente surgirán.

1. **Resiliencia frente a los contratiempos:** la vida financiera está llena de altibajos. Ya sea una inversión que no salió como esperabas o un gasto inesperado que desestabiliza tu presupuesto, es fácil desanimarse. La determinación te ayuda a mantenerte firme y buscar soluciones en lugar de rendirte ante el primer obstáculo.

Consejo práctico: supón que has estado ahorrando para un fondo de emergencia, pero un gasto médico inesperado te obliga a utilizar parte de ese dinero. En lugar de frustrarte y abandonar tu objetivo, utiliza tu determinación para ajustar tu plan y continuar ahorrando. Esta resiliencia te permitirá reconstruir tu fondo de emergencia más rápido de lo que crees posible.

2. **Enfoque a largo plazo:** la determinación también implica mantener la vista en el objetivo final, incluso cuando los resultados inmediatos son desalentadores. Este enfoque a largo plazo es clave para la construcción de riqueza y la estabilidad financiera. En lugar de dejarte llevar por las emociones del momento, la determinación te mantiene alineado con tus metas a largo plazo.

Consejo práctico: si estás invirtiendo en el mercado de valores, es probable que experimentes fluctuaciones. La determinación te ayuda a resistir la tentación de vender en un momento de pánico y, en su lugar, mantener tu inversión con la visión de largo plazo en mente. Esta disciplina puede resultar en mayores ganancias a lo largo del tiempo, en lugar de pérdidas por decisiones impulsivas a corto plazo.

Estrategias para canalizar emociones en activos financieros

1. **Transformar la ansiedad en acción:** la ansiedad financiera es una emoción común, pero puede convertirse en un activo si la canalizas correctamente. En lugar de permitir que la ansiedad te paralice, utilízala como un impulso para tomar medidas proactivas. Esta energía puede motivarte a revisar tus gastos, elaborar un

presupuesto más riguroso, o incluso buscar fuentes adicionales de ingresos.

Consejo práctico: si te sientes ansioso por la falta de ahorros, transforma esa emoción en acción tomando la decisión de automatizar tus ahorros mensuales. Al establecer transferencias automáticas hacia tu cuenta de ahorros de un porcentaje de tus ingresos, conviertes la ansiedad en un comportamiento positivo y productivo.

2. **Convertir el entusiasmo en educación:** el entusiasmo por alcanzar tus metas financieras puede ser una poderosa fuerza impulsora. Sin embargo, este entusiasmo debe estar bien fundamentado para que no se convierta en decisiones impulsivas. Utiliza tu entusiasmo para educarte más sobre las opciones disponibles y tomar decisiones informadas, busca un mentor en tu área que haya alcanzado las metas y los objetivos que tú quieres lograr para que te dé luz y te guíe en el camino.

Conclusiones del capítulo 2

En este capítulo, hemos explorado cómo la inteligencia emocional juega un papel crucial en nuestras decisiones financieras. Comenzamos con la identificación de emociones, aprendiendo a reconocer cómo sentimientos como la ansiedad, el entusiasmo y la frustración pueden influir en nuestras elecciones monetarias. Luego, discutimos la importancia de comprender las causas y orígenes de estas emociones para tomar decisiones financieras más informadas.

También nos centramos en la gestión de emociones negativas, como el miedo y la impaciencia, presentando estrategias para mantener la calma y la claridad mental en momentos de tensión financiera. Finalmente, analizamos cómo convertir emociones como la motivación y la determinación en activos financieros, utilizando estas emociones para impulsar nuestro progreso hacia metas financieras concretas.

Aplica las estrategias y técnicas discutidas en este capítulo en tu vida financiera diaria. Identifica tus emociones en situaciones financieras, compréndelas a fondo y gestiona aquellas que puedan ser perjudiciales. Aprovecha tus emociones positivas como la motivación para avanzar hacia tus objetivos económicos con determinación.

En el próximo capítulo, nos adentraremos en cómo transformar nuestras emociones en acciones financieramente beneficiosas. Mientras que en el capítulo anterior nos enfocamos en la identificación y gestión de emociones, ahora exploraremos cómo emociones como la motivación, la pasión y la determinación pueden convertirse en motores que impulsen nuestro éxito y crecimiento financiero.

Veremos cómo canalizar estas emociones para iniciar acciones concretas, como emprender un negocio o invertir en nuestra educación financiera. Además, abordaremos cómo superar la procrastinación financiera y manejar el fracaso de manera constructiva, utilizando estas experiencias como oportunidades de aprendizaje y crecimiento.

También exploraremos cómo las emociones pueden estimular nuestra creatividad, permitiéndonos encontrar soluciones innovadoras a problemas financieros y crear nuevas oportunidades.

Este tercer capítulo te guiará en el proceso de convertir tus emociones en un impulso positivo, ayudándote a tomar decisiones proactivas y estratégicas en tu vida financiera. ¡Prepárate para transformar tus emociones en acciones que te acerquen a la prosperidad financiera!

Capítulo 3: transformando emociones en acciones positivas

Introducción

En el ámbito de las finanzas personales, nuestras emociones juegan un papel crucial, no solo en la toma de decisiones, sino también en cómo esas decisiones se traducen en acciones concretas. Las emociones, cuando se gestionan de manera adecuada, pueden convertirse en potentes herramientas para alcanzar nuestras metas financieras.

La importancia de transformar nuestras emociones en acciones financieramente beneficiosas radica en que las emociones pueden ser tanto un obstáculo como un motor de cambio. Si bien es cierto que emociones mal gestionadas pueden llevar a decisiones impulsivas o ineficaces, cuando las canalizamos correctamente, pueden impulsarnos hacia el éxito financiero. Este capítulo se centrará en cómo utilizar nuestras emociones como un impulso para alcanzar nuestras metas económicas, mostrando que las emociones no son simplemente reacciones pasivas, sino fuerzas activas que, bien dirigidas, nos permiten superar desafíos y aprovechar oportunidades.

A lo largo de este capítulo, exploraremos la idea central de que nuestras emociones, como la motivación y la pasión, pueden ser el combustible que nos impulse a tomar decisiones financieras inteligentes y a seguir un camino de crecimiento económico. Además, presentaremos ejemplos concretos de cómo las emociones pueden ser convertidas en acciones que no solo beneficien nuestras finanzas, sino que también nos acerquen a una vida más plena y equilibrada.

Emociones como motor de acción

Las emociones pueden actuar como poderosos catalizadores que nos impulsan a tomar decisiones y a llevar a cabo acciones concretas en el ámbito financiero. En lugar de ver las emociones simplemente como reacciones pasajeras, podemos entenderlas como fuerzas dinámicas que pueden dirigir y energizar nuestras acciones hacia la consecución de metas económicas.

La motivación, la pasión y la determinación no solo nos proporcionan el impulso necesario para iniciar un proyecto o tomar decisiones financieras; también nos ayudan a mantener el rumbo cuando enfrentamos desafíos. Estas emociones actúan como una especie de "combustible emocional" que enciende nuestra capacidad para actuar de manera proactiva y enfrentar las oportunidades y obstáculos que se presentan en el camino hacia el éxito financiero.

La **motivación** nos da el deseo y la energía para emprender nuevas iniciativas y enfrentar los riesgos asociados con las decisiones financieras. La **pasión** infunde nuestras acciones con entusiasmo y un profundo sentido de propósito, manteniéndonos comprometidos incluso cuando los tiempos son difíciles. La **determinación** refuerza nuestra capacidad para perseverar y seguir adelante a pesar de las adversidades, asegurando que nuestras acciones sean sostenidas y efectivas en la búsqueda de nuestros objetivos financieros.

En esencia, las emociones, cuando se entienden y se dirigen adecuadamente, pueden ser el motor que nos mueve hacia el logro de nuestras metas económicas, transformando ideas en realidades tangibles y superando las barreras que se interponen en nuestro camino.

Motivación: el impulso para actuar

La motivación es una fuerza fundamental que nos impulsa a tomar acción. Es el deseo interno de alcanzar una meta o superar un desafío, y puede ser el catalizador para emprender nuevas iniciativas y proyectos que nos permitan alcanzar nuestra libertad financiera.

Ejemplo práctico: Sara Blakely y Spanx

Sara Blakely, fundadora de Spanx, es un claro ejemplo de cómo la motivación puede llevar al éxito financiero. Blakely comenzó con una idea simple: crear una prenda de control que fuera cómoda y eficaz para las mujeres. Su motivación no solo la impulsó a desarrollar un producto innovador, sino que también la llevó a invertir todos sus ahorros personales en el negocio. A pesar de enfrentar al inicio numerosos rechazos de distribuidores y fabricantes, la fuerte motivación de Blakely la llevó a perseverar y finalmente a construir una marca que actualmente vende millones de dólares cada año. Su historia demuestra que una motivación intensa con unos objetivos claros puede superar cualquier obstáculo que se presente en el camino y transformar una idea en un éxito financiero perdurable en el tiempo.

Pasión: la energía que impulsa el crecimiento

La pasión es el entusiasmo profundo y el amor por lo que hacemos. Esta emoción puede mantenernos enfocados y energizados, especialmente cuando enfrentamos desafíos en el camino hacia nuestras metas financieras.

Ejemplo práctico: Elon Musk y Tesla

Elon Musk, fundador de Tesla, es conocido por su pasión por la innovación y la tecnología. Su amor por los automóviles eléctricos y la sostenibilidad lo impulsó a invertir en Tesla, a pesar de los riesgos financieros y los obstáculos. Musk utilizó su pasión para motivar a su equipo y atraer inversores. La pasión de Musk por sus proyectos no solo le permitió superar las dificultades iniciales, sino que también lo ayudó a liderar una de las empresas más influyentes en la industria automotriz y tecnológica en el momento que estoy escribiendo este libro. Su caso ilustra como su visión y pasión le han permitido cosechar diversos éxitos financieros convirtiéndose en unos de los hombres más ricos del planeta Tierra.

Determinación: el compromiso para perseverar

La determinación es la capacidad de mantener el enfoque y seguir adelante a pesar de los contratiempos. Es un componente crucial para alcanzar objetivos financieros, especialmente cuando enfrentamos desafíos inesperados.

Ejemplo práctico: Howard Schultz y Starbucks

Howard Schultz, el ex CEO de Starbucks, es un ejemplo de cómo la determinación puede conducir al éxito financiero. Schultz tuvo una visión clara para Starbucks y estaba decidido a convertir la cadena de cafeterías en un líder global. A pesar de enfrentar problemas financieros y resistencias internas, su determinación le permitió implementar su visión y expandir Starbucks a nivel mundial. La historia de Schultz demuestra cómo la determinación inquebrantable puede transformar un negocio y llevarlo al éxito en un mercado muy competitivo.

Convertir tus emociones en acciones financieras concretas

Para transformar tus emociones como la motivación, la pasión y la determinación en acciones financieras concretas, es importante seguir estos pasos:

1. **Establecer objetivos claros:** define metas financieras específicas que te apasionen y te motiven. Un objetivo claro proporciona dirección y enfoque.

2. **Desarrollar un plan de acción:** crea un plan detallado sobre cómo alcanzar tus metas. La determinación te ayudará a seguir el plan a pesar de los desafíos. En mi libro anterior *Descubriendo a mi otro Yo*, encontrarás un plan paso a paso de 21 días para que tomes acción y comiences a planificar tu futuro financiero.

3. **Tomar acción:** utiliza tu motivación y pasión para comenzar a trabajar en tu plan. No esperes a tener el momento perfecto; empieza ahora.

4. **Superar obstáculos:** cuando enfrentes dificultades, recuerda tu pasión y determinación. Utiliza estos sentimientos para encontrar soluciones y seguir adelante.

5. **Celebrar logros:** reconoce y celebra los hitos alcanzados. Esto refuerza la motivación y te anima a continuar persiguiendo tus objetivos financieros.

Las emociones pueden ser transformadas en acciones financieras positivas si se canalizan adecuadamente. Al identificar estas emociones y utilizarlas para impulsar acciones concretas, puedes avanzar hacia tu prosperidad y lograr tus metas económicas y libertad financiera que todos anhelan.

Otros ejemplos prácticos de cómo convertir emociones en acciones concretas

1. Emoción: Pasión por la innovación

Ejemplo: creación de una aplicación tecnológica

Imagina que tienes una gran pasión por la tecnología y la innovación. Esta emoción puede impulsarte a crear una aplicación que resuelva un problema específico que has identificado. La pasión por la tecnología te lleva a investigar y desarrollar una idea de aplicación, a diseñar una interfaz de usuario atractiva y a trabajar con desarrolladores para construir el producto. Gracias a tu entusiasmo y compromiso, logras lanzar la aplicación al mercado, obteniendo una respuesta positiva y creando una nueva fuente de ingresos.

Pasos a seguir:

- Identifica un problema o una necesidad en el mercado que te apasione.

- Investiga y desarrolla una solución innovadora.

- Crea un plan de negocios para la aplicación.

- Busca inversores o financiamiento para llevar a cabo el proyecto.

- Lanza y promueve la aplicación en el mercado.

2. Emoción: determinación para superar desafíos financieros

Ejemplo: inversión en educación financiera

Supongamos que has experimentado dificultades financieras y estás determinado a mejorar tu situación económica. Tu determinación te motiva a invertir en educación financiera. Decides inscribirte en cursos sobre planificación financiera, inversión y gestión de deudas. Utilizas los conocimientos adquiridos para crear un plan financiero sólido, reducir tus deudas y empezar a invertir en productos financieros que se alinean con tus objetivos a largo plazo.

Pasos a seguir:

- Investiga y selecciona cursos o programas de educación financiera de calidad.

- Dedica tiempo y recursos a completar estos cursos.

- Aplica las estrategias aprendidas para elaborar un presupuesto y plan de ahorro.

- Comienza a invertir de manera informada en acciones, fondos o bienes raíces.

- Revisa y ajusta tu plan financiero regularmente.

3. Emoción: Entusiasmo por el emprendimiento

Ejemplo: lanzamiento de un negocio de comercio electrónico

Si sientes un gran entusiasmo por el emprendimiento y el comercio en línea, este entusiasmo puede llevarte a lanzar tu propio negocio de comercio electrónico. Utilizas tu energía y creatividad para desarrollar una tienda en línea que ofrezca productos que te apasionan, como artesanías o gadgets innovadores. La emoción por emprender te impulsa a investigar el mercado, establecer asociaciones con proveedores y crear una estrategia de marketing efectiva para atraer clientes.

Pasos a seguir:

- Elige un nicho de mercado que te apasione.

- Investiga el mercado y selecciona productos que ofrezcan valor.

- Diseña y lanza una tienda en línea.

- Implementa estrategias de marketing digital para atraer clientes.

- Monitorea y ajusta tu estrategia según la respuesta del mercado.

4. Emoción: compromiso con la responsabilidad financiera

Ejemplo: creación de un fondo de emergencia

Tu compromiso con la estabilidad financiera te lleva a tomar medidas concretas para establecer un fondo de emergencia como se habló en el capítulo anterior. Con esta motivación, decides asignar un porcentaje de tus ingresos mensuales a una cuenta de ahorros destinada a emergencias. A medida que ves crecer tu fondo, te sientes más seguro y en control de tu situación financiera, lo que te permite enfrentar imprevistos sin preocupaciones.

Pasos a seguir:

- Establece un objetivo específico para tu fondo de emergencia.

- Configura transferencias automáticas desde tu cuenta principal a una cuenta de ahorros separada.

- Ajusta el monto de tus aportaciones según tus ingresos y gastos.

- Utiliza el fondo solo para emergencias genuinas, como gastos médicos o reparaciones imprevistas.

Cuando canalizas tus emociones de manera efectiva, pueden conducir a acciones financieras concretas y exitosas. Ya sea que tu emoción sea la pasión por un proyecto, la determinación para superar obstáculos, el entusiasmo por emprender o el compromiso con la estabilidad financiera, estas pueden transformarse en iniciativas que mejoren tu situación económica y te acerquen a tus metas u libertad financiera.

Superando la procrastinación

La procrastinación financiera es el acto de postergar decisiones o acciones relacionadas con nuestras finanzas, como pagar deudas, ahorrar, o invertir. Esta tendencia a posponer decisiones cruciales puede ser influenciada por una variedad de emociones, entre ellas el miedo, la ansiedad, la falta de confianza y el estrés.

- **El miedo al fracaso**: muchas personas procrastinan porque temen tomar una decisión equivocada, especialmente cuando se trata de invertir o iniciar un negocio. El miedo al riesgo y a las posibles pérdidas financieras puede llevar a una parálisis emocional, donde la persona prefiere no hacer nada antes que enfrentar el miedo a equivocarse.

- **La ansiedad por el futuro**: la incertidumbre sobre lo que podría suceder en el futuro puede generar una sensación de ansiedad que detiene a las personas de tomar decisiones financieras importantes. Este sentimiento de estar abrumado por lo desconocido puede hacer que una persona evite actuar, ya que la acción se percibe como una amenaza en lugar de una oportunidad.

- **Falta de confianza**: la baja autoestima y la falta de confianza en la propia capacidad para manejar las finanzas pueden llevar a la procrastinación. Cuando alguien no confía en su capacidad para tomar buenas decisiones financieras, es más probable que evite tomar cualquier decisión en absoluto, lo que puede resultar en la acumulación de problemas financieros.

Estrategias para superar la procrastinación y tomar decisiones financieras proactivas basadas en nuestras emociones positivas

1. **Reconocer y aceptar las emociones**: el primer paso para superar la procrastinación es identificar y aceptar las emociones que la causan. Reconocer que el miedo, la

ansiedad o la falta de confianza están influyendo en nuestras decisiones financieras nos permite abordar estas emociones de manera más consciente y proactiva.

Ejemplo: Carla, una profesional independiente, postergaba constantemente la creación de un fondo de emergencia porque temía no poder mantener el ahorro constante. Al darse cuenta de que su miedo al fracaso la estaba reteniendo, decidió establecer metas pequeñas y alcanzables, como ahorrar una pequeña cantidad mensual. Esto le permitió superar su miedo inicial y, con el tiempo, incrementar sus ahorros de manera significativa.

2. **Descomponer las tareas financieras en pasos pequeños**: a menudo, la procrastinación ocurre porque la tarea en cuestión parece demasiado grande o compleja. Dividir las tareas financieras en pasos más pequeños y manejables puede hacer que se sientan menos abrumadoras y más alcanzables.

Ejemplo: Pedro quería invertir en el mercado de valores, pero siempre posponía la decisión porque no se sentía suficientemente informado. Decidió comenzar investigando una sola acción que le interesaba y haciendo una inversión pequeña para familiarizarse con el proceso. Este pequeño paso inicial lo motivó a seguir aprendiendo e invirtiendo de manera más segura y efectiva.

3. **Crear un entorno que favorezca la acción**: el entorno juega un papel importante en la superación de la procrastinación. Rodearse de personas que ya han logrado el éxito financiero o que esten en el mismo camino puede

ser una fuente de motivación. Además, establecer recordatorios visuales con metas financieras mediante un tablero de visión, como lo explicamos en el capítulo 4 de mi anterior libro *Descubriendo a mi Otro yo*, puede ayudar a mantener el enfoque y la determinación.

Ejemplo: Andrea se dio cuenta de que estaba procrastinando en la planificación de su jubilación porque sentía que tenía mucho tiempo por delante. Decidió unirse a un grupo de inversión donde otros miembros compartían sus experiencias y estrategias de ahorro para la jubilación. Este entorno la inspiró a tomar medidas concretas y comenzar a ahorrar de inmediato.

4. **Asociar la acción financiera con una recompensa emocional positiva**: vincular las acciones financieras con emociones positivas puede ayudar a contrarrestar la procrastinación. Celebrar los logros financieros, por pequeños que sean, refuerza la conducta positiva y disminuye la resistencia emocional a tomar decisiones futuras.

Ejemplo: Javier siempre posponía la creación de un presupuesto porque le resultaba tedioso. Decidió que cada vez que cumpliera con su plan de presupuesto mensual, se recompensaría con una pequeña experiencia que disfrutaba, como una salida al cine con su novia. Esta asociación positiva lo motivó a mantener su presupuesto en orden mes tras mes.

Estas estrategias no solo ayudan a superar la procrastinación, sino que también fomentan un enfoque proactivo y positivo hacia las finanzas personales. Al aprender a gestionar las emociones que nos llevan a postergar, podemos tomar decisiones más informadas y avanzar de manera consistente hacia el cumplimiento de nuestras metas financieras.

Adaptación al fracaso

El fracaso financiero es una realidad que todos, desde los pequeños emprendedores hasta los magnates más exitosos, enfrentan en algún momento de sus vidas. Lo que diferencia a quienes logran superar estas caídas y alcanzan el éxito es su capacidad para manejar las emociones que surgen de estas experiencias negativas. Emociones como la frustración y la desilusión pueden ser abrumadoras, pero aprender a gestionarlas de manera constructiva es crucial para transformar el fracaso en un trampolín hacia el éxito.

Importancia de manejar la frustración y la desilusión

La frustración y la desilusión son emociones naturales cuando se enfrenta un fracaso financiero. Estas emociones pueden surgir cuando se pierde una inversión significativa, cuando un negocio no genera las ganancias esperadas o cuando se fracasa en alcanzar una meta financiera. Si no se gestionan adecuadamente, estas emociones pueden llevar al estancamiento, la pérdida de confianza y la toma de decisiones impulsivas.

Por ejemplo, Howard Schultz, el ex-CEO de Starbucks, enfrentó múltiples rechazos y fracasos antes de lograr el éxito con Starbucks. Schultz creció en un entorno humilde, y su familia tuvo dificultades financieras. Su frustración y desilusión frente a las limitaciones económicas lo impulsaron a trabajar duro y a buscar oportunidades de crecimiento. A pesar de varios fracasos iniciales, Schultz utilizó esas experiencias para aprender, ajustar su enfoque y finalmente convertir Starbucks en una marca global. Su historia ilustra cómo la resiliencia emocional ante el fracaso puede ser la clave para la perseverancia y el éxito.

Consejos para utilizar el fracaso como oportunidad de aprendizaje

1. **Reformular el fracaso como una lección aprendida**: en lugar de ver el fracaso como un final, es esencial verlo como una oportunidad de aprendizaje. Cada fracaso proporciona información valiosa sobre lo que no funciona, lo que se puede mejorar y cómo abordar los desafíos desde una nueva perspectiva. Steve Jobs, después de ser despedido de Apple, no se rindió; en lugar de ello, fundó NeXT y compró Pixar, lo que eventualmente lo llevó de regreso a Apple y a transformar la compañía en una de las más exitosas del mundo. Jobs utilizó su fracaso inicial como una plataforma para innovar y evolucionar.

2. **Mantener una mentalidad positiva**: es fácil caer en la negatividad después de un fracaso, pero mantener una mentalidad positiva es esencial para seguir adelante. Una mentalidad de crecimiento, en la que se ve el fracaso como una parte del proceso de aprendizaje, ayuda a mantener la motivación. Walt Disney fue despedido de un periódico por "falta de imaginación" y fracasó en varios negocios antes de crear Disneyland y Disney Studios. Su capacidad para mantenerse positivo y seguir persiguiendo su visión es un testimonio de

cómo una mentalidad positiva puede transformar el fracaso en éxito.

3. **Buscar apoyo y perspectiva**: hablar con mentores, colegas o amigos puede proporcionar una perspectiva valiosa sobre un fracaso. A menudo, los demás pueden ofrecer soluciones o ideas que no se habían considerado. Además, compartir las dificultades con otros puede aliviar la carga emocional y permitir una recuperación más rápida. El empresario Richard Branson, fundador de Virgin Group, ha enfrentado numerosos fracasos a lo largo de su carrera, desde intentos fallidos en la industria de la música hasta problemas financieros en varias de sus empresas. Sin embargo, siempre ha contado con un equipo de apoyo sólido y ha buscado la opinión de expertos para ayudarlo a superar los desafíos.

4. **Planificar con mayor precisión**: después de un fracaso, es crucial aprender de los errores cometidos y planificar con mayor precisión en el futuro. Esto implica analizar lo que salió mal, identificar las áreas de mejora y ajustar las estrategias para evitar los mismos errores en el futuro. Jeff Bezos, fundador de Amazon, ha experimentado fracasos en varios proyectos, como Fire Phone, pero en lugar de darse por vencido, utilizó esos fracasos como lecciones para mejorar la toma de decisiones futuras en Amazon.

Al aprender a manejar las emociones de frustración y desilusión y al transformar el fracaso en una oportunidad de aprendizaje, se pueden construir bases sólidas para el éxito financiero a largo plazo. Los ejemplos de personajes como Howard Schultz, Steve Jobs, Walt Disney, y Richard Branson demuestran que el fracaso no es el fin del camino, sino una parte integral del proceso hacia el éxito, en la escuela nos castigan por fracasar, en el mundo financiero el fracaso es un medio para superar obstáculos que permitan alcanzar nuestra libertad financiera.

Creatividad y solución de problemas

Las emociones, cuando se canalizan adecuadamente, pueden ser una fuente poderosa de creatividad y soluciones innovadoras. Cuando enfrentamos desafíos económicos, las emociones como la determinación, el optimismo y la pasión pueden impulsarnos a pensar de manera diferente y a buscar soluciones fuera de lo común. La creatividad no solo implica la capacidad de generar nuevas ideas, sino también la habilidad de ver oportunidades donde otros solo ven obstáculos.

Cómo las emociones estimulan la creatividad

La **creatividad** es a menudo el resultado de la necesidad, y las emociones intensas pueden ser el catalizador que nos lleva a encontrar soluciones innovadoras. Por ejemplo, la frustración frente a una situación financiera difícil puede empujarnos a buscar nuevas formas de generar ingresos o reducir gastos. La **pasión** por un proyecto o una idea puede inspirar a emprender caminos no convencionales que resulten en oportunidades financieras lucrativas.

Un ejemplo clásico es el de Steve Jobs, cofundador de Apple. Jobs era conocido por su enfoque innovador y su habilidad para ver más allá de las limitaciones tecnológicas de su tiempo.

Su pasión por la tecnología y su determinación para cambiar el mundo con productos de alta calidad lo llevaron a crear dispositivos revolucionarios como el iPhone y el iPad. Aunque enfrentó numerosos fracasos y desafíos a lo largo de su carrera, su capacidad para utilizar sus emociones como motor de creatividad fue clave para el éxito financiero de Apple, convirtiéndola en una de las empresas más valiosas del mundo.

Ejemplos de creatividad en la búsqueda de soluciones financieras

Otro ejemplo es el de Elon Musk, fundador de empresas como Tesla y SpaceX. Musk ha enfrentado numerosas dificultades financieras, especialmente durante los primeros años de estas empresas. Sin embargo, su pasión por la innovación y su visión de un futuro sostenible lo llevaron a encontrar soluciones creativas para superar obstáculos financieros. En lugar de rendirse ante la falta de financiamiento, Musk recurrió a estrategias como la venta anticipada de autos Tesla para financiar la producción o la búsqueda de contratos gubernamentales para SpaceX. Estas decisiones creativas, impulsadas por su determinación y visión, no solo salvaron a sus empresas, sino que también las convirtieron en líderes en sus respectivas industrias.

Otro caso es el de Sara Blakely, fundadora de Spanx. Blakely, motivada por la frustración de no encontrar ropa interior que le brindara la comodidad y el estilo que buscaba, decidió crear su propia solución. Con una inversión inicial mínima y sin experiencia previa en el sector textil, Blakely utilizó su determinación y creatividad para desarrollar un producto que eventualmente revolucionaría la industria de la moda. Hoy en día, Spanx es una marca global, y Blakely es una de las mujeres más ricas del mundo, todo gracias a su capacidad para convertir emociones en soluciones innovadoras.

En pocas palabreas cuando las emociones se gestionan adecuadamente, pueden ser un poderoso motor de creatividad y soluciones financieras innovadoras. En lugar de dejarnos abrumar por el miedo o la frustración, podemos utilizar estas emociones como combustible para buscar nuevas oportunidades y caminos no explorados. Transformar nuestras emociones en acciones concretas no solo nos permite superar desafíos financieros, sino que también nos abre la puerta a un futuro lleno de posibilidades.

Conclusión capítulo 3

En este capítulo, hemos explorado cómo nuestras emociones pueden ser poderosos motores de acción en nuestras vidas financieras. Hemos visto cómo la motivación, la pasión, y la determinación pueden llevarnos a tomar decisiones que no solo superan la procrastinación, sino que también nos permiten adaptarnos a los fracasos y utilizar la creatividad para encontrar soluciones innovadoras. Los ejemplos de personas como Steve Jobs, Elon Musk, y Sara Blakely nos muestran que el manejo inteligente de nuestras emociones puede conducir a un éxito financiero extraordinario.

El llamado a la acción es claro: no solo reconoce tus emociones, sino también aprópiate de ellas y úsalas como catalizadores para acciones financieras positivas. Ya sea que estés comenzando un negocio, invirtiendo en tu educación financiera, o superando un revés económico, tus emociones pueden ser tus mayores aliadas. A partir de hoy, comprométete a transformar tus emociones en acciones que te acerquen a tus metas financieras.

El próximo capítulo abordará un tema fundamental en la construcción de una vida financiera exitosa: la mentalidad de abundancia. Muchas personas se encuentran atrapadas en una mentalidad de escasez, limitando su capacidad para ver y aprovechar las oportunidades que se les presentan. Este capítulo te guiará en el proceso de cambiar esa mentalidad limitante por una que fomente el crecimiento y la prosperidad.

Desarrollar una mentalidad de abundancia no solo es importante; es esencial para atraer y mantener el éxito financiero. Exploraremos qué significa realmente tener esta mentalidad, cómo nuestras creencias influyen en nuestras decisiones financieras, y qué herramientas podemos utilizar para cultivar una perspectiva más positiva y abierta hacia la abundancia. Prepárate para descubrir cómo una mentalidad enfocada en la abundancia puede transformar tu relación con el dinero y abrir puertas a nuevas oportunidades financieras.

Capítulo 4: Creando una mentalidad de abundancia

Introducción

La mentalidad es un factor crucial en nuestras finanzas personales. No se trata solo de cuánto dinero tenemos, sino de cómo pensamos sobre él. La forma en que percibimos la riqueza y la abundancia influye directamente en nuestras decisiones financieras y, en última instancia, en nuestra capacidad para generar y mantener el enriquecimiento. Desarrollar una mentalidad de abundancia, te permitirá atraer el éxito financiero de manera más efectiva y sostenible.

Cuando pensamos en finanzas personales, a menudo nos enfocamos en los números: cuánto ganamos, cuánto gastamos, cuánto ahorramos. Sin embargo, hay un factor menos tangible pero igualmente crucial que influye en nuestro éxito financiero: nuestra mentalidad. La forma en que pensamos sobre el dinero, la riqueza y las oportunidades puede marcar una gran diferencia en nuestras decisiones y, en última instancia, en nuestro bienestar financiero.

Tener una mentalidad adecuada no es simplemente una cuestión de optimismo. Se trata de entender cómo nuestras creencias y pensamientos guían nuestras acciones y cómo estas acciones, a su vez, afectan nuestros resultados financieros. Si tenemos una mentalidad de escasez, donde vemos el mundo como un lugar limitado y tememos que no haya suficientes recursos para todos, es probable que actuemos con miedo y conservadurismo. Esta mentalidad puede llevarnos a perder oportunidades o a evitar riesgos que podrían habernos beneficiado a largo plazo.

Por otro lado, una mentalidad de abundancia nos permite ver el mundo lleno de posibilidades. Creemos que hay suficiente para todos, y esto nos da la confianza para tomar decisiones audaces, invertir en nosotros mismos, y buscar nuevas oportunidades sin miedo al fracaso. Este capítulo explora cómo desarrollar esta mentalidad de abundancia y cómo puede ser la clave para atraer el éxito financiero.

El objetivo de este capítulo es mostrarte cómo cambiar tu forma de pensar sobre el dinero y la riqueza. Te enseñaremos herramientas y estrategias para transformar una mentalidad de escasez en una de abundancia, lo que te permitirá aprovechar al máximo las oportunidades que se te presenten. Al final del capítulo, tendrás una comprensión más clara de cómo tus pensamientos influyen en tus decisiones financieras y estarás mejor equipado para tomar decisiones que te acerquen a tus metas económicas.

El desarrollo de una mentalidad de abundancia es esencial no solo para atraer la riqueza, sino también para mantenerla y multiplicarla. A medida que avanzamos en este capítulo, veremos cómo pequeños cambios en tu mentalidad pueden generar grandes cambios en tu vida personal y financiera. Prepárate para cambiar la forma en que piensas sobre el dinero y abrir la puerta a nuevas posibilidades.

Entendiendo la mentalidad de abundancia

¿Qué significa tener una mentalidad de abundancia?

Tener una mentalidad de abundancia significa ver el mundo a través de un lente de posibilidades ilimitadas. Es la creencia de que hay suficiente éxito, riqueza y recursos para todos, y que nuestras oportunidades no están limitadas por lo que otros tienen o hacen. Esta mentalidad no se trata solo de pensar en positivo; es una forma de ver la vida donde reconoces que puedes crear y atraer lo que deseas, siempre y cuando estés dispuesto a trabajar por ello y a ver más allá de las limitaciones aparentes.

Imagina que estás en una fiesta y alguien sirve una deliciosa torta. Una mentalidad de escasez podría hacer que pienses: "Debo apresurarme antes de que se acabe y me quede sin nada." En cambio, una mentalidad de abundancia te haría pensar: "Esa torta se ve increíble. Si se acaba, no importa, puedo hacer una o encontrar otra deliciosa opción." Este ejemplo simple ilustra cómo las personas con una mentalidad de abundancia creen que siempre hay más oportunidades, más recursos y más posibilidades de disfrutar la vida.

Diferencias entre una mentalidad de escasez y una mentalidad de abundancia en las finanzas personales

La mentalidad de escasez y la mentalidad de abundancia afectan profundamente nuestras decisiones financieras, y es importante comprender estas diferencias para poder cambiar nuestros hábitos.

- **Mentalidad de escasez:** Una persona con una mentalidad de escasez ve el dinero como un recurso finito y teme constantemente perder lo que tiene. Este miedo puede llevar a decisiones financieras basadas en la ansiedad y la conservación extrema, como acumular dinero sin invertirlo, evitar cualquier riesgo, o competir ferozmente con otros por recursos limitados. Por ejemplo, alguien con esta mentalidad podría evitar invertir en su educación porque teme gastar el dinero, perdiendo así oportunidades de crecimiento a largo plazo.

- **Mentalidad de abundancia:** Por otro lado, una persona con una mentalidad de abundancia ve el dinero como un recurso que puede crecer y multiplicarse. Cree que siempre hay oportunidades para generar más riqueza, ya sea a través de inversiones, nuevas ideas, o colaboraciones con otros. En lugar de temer el gasto, lo ven como una inversión en su futuro. Por ejemplo, alguien con esta mentalidad podría invertir en su educación o en un negocio propio, confiando en que estas decisiones le traerán mayores beneficios a largo plazo.

Ejemplos prácticos:

Por ejemplo, Oprah Winfrey, la primera mujer de raza negra billonaria y una de las mujeres más ricas del mundo, ha hablado abiertamente sobre su transición de una mentalidad de escasez, donde temía no tener suficiente, a una mentalidad de abundancia, donde se dio cuenta de que había más que suficiente para ella y para los demás. Este cambio de mentalidad fue clave para su éxito y su habilidad para generar y compartir riqueza.

Otro buen ejemplo de la diferencia entre estas dos mentalidades es la historia de Richard Branson, el fundador de Virgin Group. Branson no empezó con una gran fortuna; de hecho, enfrentó varios fracasos en sus primeros negocios. Sin embargo, su mentalidad de abundancia lo llevó a ver cada fracaso como una oportunidad de aprendizaje y cada riesgo como una posibilidad de éxito. A lo largo de su carrera, ha lanzado numerosos negocios en diferentes industrias, muchos de los cuales han tenido éxito precisamente porque nunca permitió que el miedo a la escasez limitara su visión.

Cambio de creencias limitantes

Identificación de creencias limitantes relacionadas con el dinero y la abundancia

Las creencias limitantes son pensamientos profundamente arraigados que actúan como barreras invisibles, impidiéndonos alcanzar nuestro máximo potencial. Estas creencias se desarrollan a lo largo de la vida, a menudo a partir de experiencias pasadas, mensajes culturales, el entorno o lo que aprendimos en nuestra infancia. En el contexto del dinero y la abundancia, estas creencias pueden ser especialmente poderosas y perjudiciales.

Algunas creencias limitantes comunes relacionadas con el dinero incluyen:

- **"El dinero es la raíz de todos los males."** Esta creencia puede llevar a la idea de que tener mucho dinero o desearlo es moralmente incorrecto, lo que puede sabotear el éxito financiero.

- **"Nunca seré rico porque nací pobre."** Este pensamiento encierra a la persona en un ciclo de pobreza, haciéndole creer que su situación actual es permanente e inalterable.

- **"Para ganar dinero, tienes que trabajar muy duro, hasta el agotamiento."** Aunque el trabajo duro es importante, esta creencia puede hacer que la persona rechace oportunidades que parecen "demasiado buenas para ser verdad," incluso si son legítimas.

- **"Si gano más dinero, perderé amigos o familia."** La preocupación de que la riqueza pueda alienarte de tus seres queridos puede hacer que inconscientemente evites el éxito financiero.

- **"El dinero no puede comprar la felicidad."**

Aunque es cierto que el dinero no compra la felicidad en sí misma, esta creencia puede limitarte de ver cómo el dinero puede mejorar tu calidad de vida y brindarte seguridad y oportunidades.

- **"No soy bueno con los números, así que nunca podré manejar mis finanzas."**

Creer que no tienes las habilidades matemáticas necesarias para gestionar el dinero puede hacer que evites tomar control de tus finanzas.

- **"Las personas ricas son avaras o egoístas."**

Esta creencia puede crear un rechazo inconsciente hacia la riqueza, haciéndote sentir que no es deseable o moralmente correcto ser rico.

- **"Nunca tendré suficiente dinero para hacer lo que quiero."**

Este pensamiento de escasez te puede llevar a conformarte con menos y no buscar maneras de aumentar tus ingresos o crear nuevas fuentes de riqueza.

- **"El dinero fácil siempre tiene trampa."**

Creer que todas las formas de ganar dinero de manera rápida o sencilla son fraudulentas puede hacer que pases por alto oportunidades legítimas y rentables.

- **"El dinero no es importante, lo que importa es el amor o la salud."**

Si bien el amor y la salud son cruciales, esta creencia puede hacer que subestimes la importancia del dinero para garantizar bienestar y tranquilidad en tu vida.

- **"Ganar mucho dinero significa sacrificar tiempo con mi familia."**

Pensar que el éxito financiero necesariamente implica sacrificar relaciones personales puede hacerte evitar oportunidades que podrían mejorar tanto tu situación financiera como tu calidad de vida familiar.

- **"Soy demasiado viejo para cambiar mi situación financiera."**

Creer que ya es demasiado tarde para mejorar tus finanzas puede hacer que te resignes a tu situación actual en lugar de buscar nuevas oportunidades.

- **"El dinero siempre causa problemas o conflictos."**

Esta creencia puede hacer que asocies el dinero con estrés y desarmonía, impidiéndote verlo como una herramienta para crear estabilidad y bienestar.

- **"Si gano más dinero, perderé mi autenticidad o mis valores."**

Pensar que la riqueza te hará perder de vista tus principios puede hacer que rechaces oportunidades que podrían mejorar tu vida sin sacrificar quién eres.

Estrategias para cambiar creencias limitantes por pensamientos más positivos y empoderadores

Una vez que identifiques tus creencias limitantes, es posible reemplazarlas por pensamientos más positivos y empoderados que te acerquen a una mentalidad de abundancia. A continuación, se presentan algunas estrategias efectivas:

1. **Cuestiona tus creencias:**

El primer paso es desafiar activamente estas creencias. Pregúntate a ti mismo: *¿Es realmente cierto?* Por ejemplo, si crees que "el dinero es la raíz de todos los males," reflexiona sobre personas que han utilizado su riqueza para hacer el bien, como filántropos y benefactores que han cambiado la vida de otros de manera positiva. ¿Cuestiónate como tú puedes ayudar a más gente a salir de la pobreza con dinero o sin dinero?

2. **Reprograma tu mente con afirmaciones positivas:**

Utiliza afirmaciones diarias para reemplazar las creencias limitantes con pensamientos más positivos. Por ejemplo, en lugar de decir "Nunca seré rico porque nací pobre," repite: "Tengo el poder de cambiar mi situación financiera y atraer abundancia en mi vida." Las afirmaciones funcionan mejor cuando se dicen en voz alta, con convicción, y se repiten regularmente.

Afirmaciones positivas para reprogramar tu mente en un mundo de abundancia

"El dinero es una herramienta poderosa que me permite crear un impacto positivo en mi vida y en la de los demás."

En lugar de ver el dinero como la raíz de los males, lo reconozco como un recurso que puedo usar para generar bienestar y oportunidades.

"Mi situación financiera actual no define mi futuro; tengo el poder y la capacidad de crear riqueza sin importar mis comienzos."

No importa dónde empecé, tengo el control para cambiar mi destino financiero y alcanzar la abundancia.

"Ganar dinero de manera inteligente y equilibrada me permite disfrutar de la vida sin agotamiento."

Trabajo de manera eficiente y busco oportunidades que me permitan prosperar mientras mantengo mi bienestar y equilibrio.

"El éxito financiero fortalecerá mis relaciones, y me permitirá compartir mi prosperidad con quienes amo."

La riqueza me permite enriquecer la vida de mis seres queridos y fortalecer los lazos familiares.

"El dinero es un medio que me permite crear felicidad y estabilidad en mi vida y la de los demás."

El dinero me brinda la libertad de crear experiencias y oportunidades que contribuyen a mi felicidad y seguridad.

"Tengo la capacidad de aprender y mejorar mis habilidades financieras para gestionar mi dinero con confianza."

Aunque no sea experto en matemáticas, puedo aprender a manejar mis finanzas de manera efectiva y con seguridad.

"La riqueza es un reflejo de mi capacidad para atraer y crear valor; ser rico me permite compartir y dar más a los demás."

La riqueza es una manifestación de mi capacidad para generar y compartir abundancia con los demás.

"Siempre tengo suficientes recursos para alcanzar mis metas, y puedo crear nuevas oportunidades de ingreso cuando lo necesite."

Mi creatividad y determinación me permiten encontrar y crear las oportunidades que necesito para vivir en abundancia.

"Hay muchas maneras legítimas y éticas de ganar dinero fácilmente, y estoy abierto a aprovechar esas oportunidades."

Estoy dispuesto a explorar y aprovechar las oportunidades que se me presentan, confiando en que pueden ser genuinas y beneficiosas.

"El dinero es una parte importante de mi bienestar total, y me permite cuidar tanto de mi salud como de mis relaciones."

Reconozco la importancia del dinero para asegurar una vida equilibrada y plena, donde tanto el amor como la salud son cuidados.

"Puedo ganar mucho dinero mientras mantengo un equilibrio saludable entre mi trabajo y mi vida personal."

El éxito financiero es compatible con una vida familiar rica y satisfactoria.

"Nunca es tarde para mejorar mi situación financiera; siempre tengo la capacidad de aprender y crecer."

Mi edad no es una barrera para alcanzar la abundancia; puedo seguir aprendiendo y mejorando mis finanzas en cualquier momento de mi vida.

"El dinero es una herramienta que me permite crear paz y estabilidad en mi vida y en la de los demás."

Utilizo el dinero de manera consciente para crear un entorno de armonía y bienestar.

"Puedo ser auténtico y fiel a mis valores mientras alcanzo el éxito financiero."

La riqueza y la autenticidad no están en conflicto; puedo ser próspero sin comprometer mis principios.

Estas afirmaciones transforman las creencias limitantes en pensamientos empoderadores, ayudando a desarrollar una mentalidad de abundancia que atraerá el éxito financiero y personal. Podrías repetir estas frases dos veces al día en voz alta, si lo realizas con mucha fe y determinación en el transcurso del tiempo tu situación financiera podría mejorar para bien.

3. **Busca pruebas contrarias:**

Encuentra ejemplos de personas que han superado las mismas creencias limitantes. Si crees que el dinero requiere trabajo extremadamente duro, busca historias de personas que han creado riqueza de manera inteligente, como Warren Buffett, quien invirtió sabiamente y permitió que su dinero trabajara para él.

4. **Rodéate de influencias positivas:**

El entorno tiene un gran impacto en nuestras creencias. Rodéate de personas que tengan una mentalidad de abundancia y que inspiren pensamientos positivos sobre el dinero. Participa en grupos o comunidades que promuevan el éxito financiero y la abundancia.

5. **Practica la gratitud:**

Agradece lo que ya tienes en lugar de enfocarte en lo que te falta. La gratitud ayuda a cambiar tu enfoque de la escasez a la abundancia, lo que facilita la transformación de tus creencias limitantes.

El agradecimiento y la gratitud son pilares fundamentales para desarrollar una mentalidad de abundancia. Cuando practicamos la gratitud, cambiamos nuestro enfoque de lo que nos falta a lo que ya tenemos, lo que nos permite ver y valorar las riquezas que ya existen en nuestra vida. Este cambio de perspectiva no solo mejora nuestro bienestar emocional, sino que también nos abre a recibir más oportunidades y recursos, porque comenzamos a atraer aquello en lo que nos enfocamos: la abundancia.

El acto de agradecer fortalece nuestra percepción de que somos capaces de atraer cosas buenas, lo que nos hace sentir más seguros y optimistas. Esta sensación positiva nos impulsa a tomar decisiones más alineadas con una mentalidad de abundancia, lo que, a su vez, genera un ciclo virtuoso en el que la gratitud alimenta la abundancia y la abundancia alimenta la gratitud.

Ejercicios prácticos para practicar la gratitud y atraer más abundancia a nuestras vidas

Para cultivar la gratitud y, por ende, una mentalidad de abundancia, es importante integrar prácticas diarias que nos ayuden a mantenernos enfocados en lo positivo. Aquí tienes algunos ejercicios sencillos pero poderosos que puedes incorporar en tu rutina diaria:

> **Diario de gratitud**: dedica unos minutos cada día para escribir al menos tres cosas por las que estás agradecido. Estas pueden ser pequeñas, como disfrutar de una taza de café en la mañana, o grandes, como tener un trabajo que te apasione. La clave es ser constante y específico. Al escribir estas cosas, tu mente comenzará a buscar

más aspectos positivos en tu vida, reforzando tu percepción de abundancia.

Agradecimiento en voz alta: cada mañana o antes de dormir, di en voz alta las cosas por las que estás agradecido. Al verbalizar tus pensamientos, no solo refuerzas esos sentimientos en tu mente, sino que también le das al agradecimiento una energía adicional que puede ayudarte a comenzar o terminar el día en un estado mental positivo.

Carta de gratitud: una vez al mes, escribe una carta de agradecimiento a alguien que haya tenido un impacto positivo en tu vida. Puede ser un amigo, un familiar, un colega, o incluso alguien que no conozcas bien pero que haya hecho algo que aprecias. Aunque no envíes la carta, el simple acto de escribirla te permitirá conectar con ese sentimiento de gratitud de una manera profunda.

Visualización con gratitud: dedica unos minutos al día para cerrar los ojos e imaginar todas las cosas por las que te sientes agradecido. Visualiza esas situaciones o personas que te han traído alegría y bienestar, y siente cómo esa gratitud llena tu corazón. Luego, expande esta visualización a futuras situaciones, imaginando cómo más cosas buenas llegan a tu vida debido a tu enfoque en la gratitud.

Agradecimiento por adelantado: comienza a agradecer por las cosas que aún no han sucedido pero que deseas atraer a tu vida. Esta práctica es poderosa porque te ayuda a sentir como si ya estuvieras recibiendo lo que deseas, lo que envía una señal clara al universo de que estás listo para recibir más abundancia. **Actos de generosidad**: la gratitud no se trata solo de reconocer lo que tienes, sino también de compartirlo con los demás. Realiza actos de generosidad, como donar a una causa que te importe o ayudar a alguien en necesidad. Al dar de lo que tienes, refuerzas la creencia de que siempre hay suficiente y que la abundancia fluye en tu vida.

Incorporar la gratitud en tu vida diaria no solo transforma tu manera de ver el mundo, sino que también establece una base sólida para atraer más abundancia. Estos ejercicios son herramientas simples pero efectivas para cultivar una mentalidad que te permita reconocer y atraer las oportunidades y los recursos que ya existen y los que están por venir. La práctica de la gratitud es un camino hacia una vida plena, rica en bienestar y posibilidades.

6. **Visualización Creativa:**

Imagínate a ti mismo alcanzando tus metas financieras con éxito. Visualiza cómo sería tu vida si tus creencias limitantes ya no existieran. Esta técnica ayuda a reprogramar tu mente para aceptar nuevas posibilidades.

La visualización creativa es una herramienta poderosa que te permite utilizar tu imaginación para moldear y atraer las experiencias y resultados que deseas en tu vida. En el contexto de la abundancia financiera, la visualización creativa implica imaginar, con todo detalle, las situaciones de éxito financiero que deseas lograr. Al visualizar de manera constante y enfocada, entrenas tu mente para reconocer y crear las oportunidades que te acercarán a esas metas.

La clave de la visualización creativa radica en su capacidad para conectar tu mente consciente e inconsciente con el objetivo que quieres alcanzar. Cuando te imaginas a ti mismo alcanzando el éxito financiero, generas emociones positivas como la confianza y la motivación, que son esenciales para tomar decisiones y acciones que te lleven a esa realidad. Además, este proceso ayuda a eliminar bloqueos mentales y creencias limitantes que podrían estar saboteando tus esfuerzos.

Para practicar la visualización creativa de manera efectiva, sigue estos pasos:

1. **Define tu meta financiera con claridad**: antes de comenzar a visualizar, asegúrate de tener una meta financiera clara y específica. Puede ser algo como ahorrar una cierta cantidad de dinero, comprar una casa pagar una deuda, o alcanzar un ingreso anual determinado o tener cierta cantidad de dinero ahorrado en 6 meses o un año. Cuanto más específica sea tu meta, más efectiva será la visualización.

2. **Crea una imagen mental detallada**: una vez que tengas clara tu meta, cierra los ojos y crea una imagen mental de ti mismo ya habiendo alcanzado ese objetivo. Imagina con todo detalle cómo te sientes, qué estás haciendo, quién está a tu alrededor, y cómo es tu vida con esa nueva realidad

financiera. Cuantos más detalles añadas, más real será para tu mente.

3. **Involucra tus emociones**: la visualización no es solo un ejercicio mental; también es emocional. Mientras te imaginas logrando tu meta, conecta con las emociones que experimentarías al alcanzarla. Siente la alegría, el alivio, la satisfacción, y el orgullo. Estas emociones no solo refuerzan tu visión, sino que también elevan tu vibración energética, alineándote con la abundancia.

4. **Practica la visualización diariamente**: la consistencia es clave. Dedica unos minutos cada día, preferiblemente por la mañana o antes de dormir, a visualizar tus metas financieras. Con el tiempo, este hábito se integrará en tu rutina diaria, y tu mente comenzará a trabajar de manera subconsciente para hacer realidad tu visión.

Ejemplos de cómo la visualización puede ayudar a establecer metas financieras claras y alcanzables

La visualización ha sido utilizada por muchas personas exitosas en todo el mundo para alcanzar sus metas financieras. Aquí te presento algunos ejemplos inspiradores:

1. **Oprah Winfrey**: Oprah ha hablado en numerosas ocasiones sobre cómo ha utilizado la visualización creativa a lo largo de su vida. En sus primeros años, cuando enfrentaba dificultades financieras, solía visualizarse viviendo en la abundancia y alcanzando sus metas profesionales. Esa práctica la ayudó a mantenerse enfocada y motivada, llevándola eventualmente a

convertirse en una de las mujeres más ricas e influyentes del mundo.

2. **Jim Carrey**: Antes de alcanzar la fama, Jim Carrey escribió un cheque por 10 millones de dólares para sí mismo, como un acto de visualización creativa. Lo fechó para cinco años en el futuro y lo guardó en su billetera, mirándolo con frecuencia. Años después, recibió un pago de 10 millones de dólares por su papel en la película *Dumb and Dumber*, cumpliendo así su visualización.

3. **Sarah Blakely**: La fundadora de Spanx, Sarah Blakely, usó la visualización para imaginar su éxito antes de que llegara. Blakely visualizó repetidamente su producto revolucionando la industria de la moda y a sí misma como una mujer de negocios exitosa, lo que le dio la confianza para seguir adelante a pesar de los desafíos. Hoy en día, es una de las mujeres más ricas del mundo gracias a su determinación y visión.

La visualización creativa es una herramienta práctica y accesible que puede transformar tu relación con el dinero y ayudarte a alcanzar tus metas financieras. Al crear imágenes mentales detalladas de tus éxitos futuros y conectarlas con emociones positivas, reprogramas tu mente para actuar en dirección de esa visión. Con la práctica diaria, comenzarás a notar cambios en tu comportamiento y en las oportunidades que se presentan en tu vida, acercándote cada vez más a la abundancia que visualizas.

7. **Aprende y desarrolla nuevas habilidades:**

El crecimiento personal es una herramienta poderosa para superar creencias limitantes. Al aprender nuevas habilidades, como educación financiera, te das cuenta de que el éxito financiero no depende solo de la suerte o el esfuerzo extremo, sino de la estrategia y la preparación.

El aprendizaje y el desarrollo de nuevas habilidades son fundamentales para el crecimiento personal y profesional. En el contexto financiero, adquirir nuevas competencias no solo te permite mejorar tu situación económica, sino también aumentar tu confianza y capacidad para tomar decisiones informadas. Aquí te explico cómo puedes abordar este proceso de manera efectiva:

• Identifica habilidades relevantes

Primero, es importante determinar qué habilidades son más relevantes para tus objetivos financieros. Por ejemplo, si tu meta es invertir en el mercado de valores, deberías enfocarte en aprender sobre análisis financiero, lectura de balances, y estrategias de inversión. Si tu objetivo es emprender un negocio, habilidades como gestión empresarial, marketing digital, y negociación serán clave.

• Establece un plan de aprendizaje

Una vez identificadas las habilidades que necesitas, crea un plan de aprendizaje. Establece metas claras y realistas para lo que deseas aprender. Por ejemplo, podrías fijar un objetivo de completar un curso en línea sobre finanzas personales en un mes. Divide el contenido en pequeñas partes y asigna tiempo específico cada día o semana para estudiar.

• Utiliza recursos disponibles

Hoy en día, hay una amplia gama de recursos accesibles para aprender nuevas habilidades, desde cursos en línea y tutoriales en video hasta libros y seminarios. Plataformas como Coursera, Udemy, y Khan Academy ofrecen cursos en casi cualquier tema imaginable. Además, participar en *webinars* o leer blogs de expertos en la materia puede complementar tu aprendizaje.

• Practica regularmente

La práctica es esencial para convertir el conocimiento en habilidad. No basta con leer o ver un video; debes aplicar lo aprendido en situaciones reales. Si estás aprendiendo sobre inversión, por ejemplo, podrías empezar invirtiendo pequeñas cantidades para familiarizarte con el proceso antes de hacer inversiones más grandes.

• Busca mentores o comunidades de apoyo

Aprender en solitario puede ser un desafío, por lo que es útil buscar mentores o unirte a comunidades de personas con intereses similares. Los mentores pueden ofrecerte orientación y consejos basados en su experiencia, mientras que las comunidades te permiten intercambiar ideas y resolver dudas.

• Evalúa y adapta tu progreso

A medida que avances en tu aprendizaje, evalúa tu progreso y ajusta tu plan según sea necesario. Si encuentras que una habilidad es más difícil de lo esperado, considera dedicar más tiempo o buscar métodos de aprendizaje alternativos. La flexibilidad es clave para mantenerte motivado y en el camino hacia tus metas.

Ejemplos prácticos

Supongamos que quieres mejorar tus habilidades en finanzas personales. Podrías comenzar tomando un curso en línea sobre administración de finanzas, luego aplicar lo aprendido creando un presupuesto detallado para tus ingresos y gastos. A medida que adquieras más confianza, podrías explorar temas más avanzados como la planificación de la jubilación o la inversión en bienes raíces.

Otro ejemplo podría ser el aprendizaje de habilidades de negociación para mejorar tu capacidad de cerrar acuerdos favorables en tu negocio. Puedes comenzar leyendo libros sobre técnicas de negociación, luego practicar en situaciones cotidianas, como negociaciones con proveedores o clientes.

En resumen, aprender y desarrollar nuevas habilidades es un proceso continuo que requiere dedicación y práctica. Al invertir en tu educación, no solo mejorarás tus perspectivas financieras, sino que también desarrollarás una mentalidad de crecimiento que te permitirá adaptarte y prosperar en cualquier situación económica.

Conclusiones finales del capítulo 4

Cambiar creencias limitantes es esencial para abrirte a nuevas oportunidades y alcanzar la abundancia financiera. No es un proceso instantáneo, pero con persistencia y las estrategias adecuadas, puedes transformar tu mentalidad y, por ende, tu vida financiera. Al liberar tu mente de estas barreras, te permitirás avanzar con más confianza y claridad hacia tus metas económicas.

En este capítulo, hemos explorado cómo una mentalidad de abundancia puede transformar radicalmente tu enfoque hacia las finanzas personales. A lo largo de las secciones, hemos aprendido que la manera en que piensas sobre el dinero y las oportunidades influye directamente en tu capacidad para alcanzar el éxito financiero.

Primero, definimos qué significa tener una mentalidad de abundancia y la contrastamos con la mentalidad de escasez. Entendimos que mientras una mentalidad de escasez se enfoca en las limitaciones y la falta de recursos, la mentalidad de abundancia se basa en la creencia de que hay suficientes recursos y oportunidades para todos. Este cambio de perspectiva es crucial para desbloquear nuevas posibilidades en tu vida financiera.

Luego, analizamos cómo las creencias limitantes relacionadas con el dinero pueden sabotear tus esfuerzos hacia la prosperidad. Identificamos varias creencias comunes que impiden el crecimiento financiero y ofrecimos estrategias prácticas para reemplazarlas con pensamientos positivos y empoderadores. Aprender a cambiar estas creencias es el primer paso para abrirte a nuevas oportunidades y alcanzar tus metas económicas.

También discutimos la importancia del agradecimiento y la gratitud en la creación de una mentalidad de abundancia. Practicar la gratitud te ayuda a centrarte en lo que ya tienes, lo que, a su vez, atrae más cosas buenas a tu vida. A través de ejercicios prácticos, puedes cultivar este hábito y empezar a ver resultados positivos en tus finanzas.

Por último, exploramos cómo la visualización creativa puede ser una herramienta poderosa para atraer la abundancia financiera. Visualizar tus metas de manera clara y específica te permite establecer un plan de acción más efectivo y mantenerte motivado hacia el logro de esas metas.

Llamado a la acción:

Ahora que has comprendido la importancia de una mentalidad de abundancia y cómo aplicarla a tus finanzas personales, es momento de poner en práctica lo aprendido. Reflexiona sobre las creencias limitantes que puedas tener y trabaja en transformarlas. Incorpora la gratitud en tu vida diaria y utiliza la visualización creativa para trazar un camino hacia tus objetivos financieros.

Recuerda que el cambio no ocurre de la noche a la mañana, pero con dedicación y práctica constante, puedes reprogramar tu mente para que opere desde la abundancia. Al hacerlo, no solo mejorarás tu situación financiera, sino que también experimentarás un mayor bienestar y satisfacción en todas las áreas de tu vida.

Tu próximo paso es comenzar a aplicar estas ideas en tu vida cotidiana. Aprovecha las herramientas y estrategias que hemos discutido y observa cómo tu mentalidad empieza a cambiar. Con el tiempo, verás que una mentalidad de abundancia no solo es posible, sino que es la clave para desbloquear un futuro financiero lleno de posibilidades.

Capítulo 5: superando obstáculos emocionales en el camino hacia la riqueza

Introducción

El camino hacia la riqueza no es solo una cuestión de tomar decisiones financieras correctas o de invertir en las oportunidades adecuadas; también está lleno de desafíos emocionales que pueden influir en nuestra capacidad para alcanzar el éxito financiero. Estos obstáculos emocionales pueden ser tan poderosos como cualquier dificultad externa, ya que afectan la forma en que pensamos, sentimos y actuamos en relación con el dinero.

En este capítulo, exploraremos algunos de los obstáculos emocionales más comunes que pueden surgir en el camino hacia la riqueza, como el miedo al fracaso, la culpa por el éxito, y la envidia hacia quienes ya han logrado lo que deseamos. Reconocer y comprender estos obstáculos es el primer paso para superarlos. A continuación, veremos cómo identificar estos bloqueos emocionales y, lo más importante, cómo superarlos para continuar avanzando hacia nuestras metas financieras.

Este capítulo se centra en la identificación y superación de esos obstáculos emocionales y desafíos internos. A lo largo de estas páginas, aprenderás a reconocer los bloqueos emocionales que te impiden avanzar y descubrirás estrategias prácticas para superarlos. Al transformar estas barreras en oportunidades de crecimiento, estarás mejor equipado para alcanzar el éxito financiero sostenible, significativo y vivir una vida más plena y satisfactoria.

Identificación de obstáculos emocionales

En el camino hacia la riqueza, es común encontrar varios obstáculos emocionales que pueden sabotear nuestros esfuerzos, incluso cuando contamos con las habilidades y los recursos necesarios. Identificar y comprender estos obstáculos es el primer paso para superarlos. A continuación, se enumeran algunos de los obstáculos emocionales más comunes que pueden surgir en el camino hacia la riqueza:

1. **Miedo al fracaso:** Este es uno de los obstáculos más comunes y poderosos. El miedo a fracasar puede paralizarte, haciéndote dudar de tus decisiones financieras y, en muchos casos, evitando que tomes riesgos necesarios para el crecimiento.

Ejemplo práctico: cuando Jeff Bezos decidió lanzar Amazon en 1994, enfrentó un gran miedo al fracaso. En ese momento, dejó un trabajo seguro y bien remunerado en Wall Street para aventurarse en un negocio de ventas de libros en línea, una idea que era innovadora pero arriesgada. Bezos sabía que el riesgo era alto, y la posibilidad de que Amazon no tuviera éxito era real. Sin embargo, utilizó un enfoque que él mismo llama el "marco de minimización del arrepentimiento." Se preguntó cómo se sentiría a los 80 años si nunca hubiera intentado crear Amazon, y se dio cuenta de que lo que más lamentaría no era fracasar, sino no haberlo intentado.

Este enfoque le permitió superar su miedo al fracaso, centrándose en la importancia de intentarlo y aprender de la experiencia, independientemente del resultado. Hoy, Amazon es una de las empresas más grandes y exitosas del mundo, y Bezos es uno de los hombres más ricos del planeta. Su disposición a enfrentar el miedo al fracaso fue crucial para su éxito, demostrando que es posible transformar el temor en una fuerza motivadora.

2. **Culpa por el éxito:** muchas personas experimentan sentimientos de culpa cuando logran un nivel significativo de éxito financiero, especialmente si su entorno inmediato no ha alcanzado los mismos logros. Esta culpa puede llevar a la autolimitación y al autosabotaje.

Ejemplo práctico

Howard Schultz creció en una familia de bajos recursos en Brooklyn, Nueva York. Cuando logró convertir Starbucks en una cadena global de café, experimentó un profundo sentido de culpa por su éxito. Schultz se sentía incómodo por haber alcanzado tanta riqueza cuando sabía que su familia y muchas otras personas seguían luchando para llegar a fin de mes.

Este sentimiento de culpa lo llevó a cuestionar si estaba haciendo lo suficiente para ayudar a los demás. En lugar de dejar que la culpa lo paralizara, Schultz decidió usar su posición para hacer el bien. Introdujo políticas progresistas en Starbucks, como ofrecer seguros de salud a empleados de medio tiempo y programas de educación universitaria. También enfocó esfuerzos en la responsabilidad social, invirtiendo en comunidades y fomentando prácticas comerciales éticas.

Al canalizar su culpa en acciones que beneficiaran a sus empleados y la sociedad, Schultz transformó un sentimiento negativo en un motor para el cambio positivo. Esto no solo alivió su culpa, sino que también fortaleció el compromiso de Starbucks con la responsabilidad social, haciendo de la empresa un modelo a seguir en la industria.

3. **Envidia y comparación:** la tendencia a compararse con otros y sentir envidia por su éxito financiero puede generar resentimiento y desmotivación. Este obstáculo emocional desvía tu enfoque de tus propios objetivos y te impide disfrutar de tus logros.

Howard Hughes, quien heredó una fortuna y luego la multiplicó con sus emprendimientos en la aviación, el cine y el petróleo, vivió bajo la presión constante de compararse con otros magnates de su tiempo, como Henry Ford y John D. Rockefeller. A pesar de su éxito, Hughes sentía envidia hacia estos titanes de la industria, lo que lo llevó a obsesionarse con superar sus logros. Esta comparación constante comenzó a afectar su salud mental y sus relaciones personales.

Hughes intentó lidiar con esta envidia volcando su energía en proyectos cada vez más ambiciosos, como la construcción del avión más grande del mundo, el Spruce Goose. Sin embargo, su enfoque en la comparación y en superar a los demás exacerbó su ansiedad y contribuyó a su eventual reclusión.

Para evitar que la envidia y la comparación dominen tu vida, es esencial centrarse en el crecimiento personal y en la definición de tus propios estándares de éxito. En lugar de compararse con otros, es más saludable medir el progreso en función de tus propias metas y valores. Hughes, desafortunadamente, no logró resolver completamente estos sentimientos, lo que resalta la importancia de manejar adecuadamente la envidia y enfocarse en lo que realmente importa en la vida.

4. **Inseguridad financiera:** sentir que nunca eres lo suficientemente competente o informado para manejar tus finanzas puede llevarte a evitar tomar decisiones cruciales. La inseguridad financiera es una trampa emocional que impide el crecimiento.

Ejemplo práctico

Un ejemplo de un millonario que enfrentó inseguridad financiera es Chris Gardner, el empresario e inversor estadounidense cuya historia inspiró la película *The Pursuit of Happyness* (*En busca de la felicidad*). Protagonizada por Will Smith.

Chris Gardner pasó por una etapa de extrema inseguridad financiera antes de convertirse en millonario. En la década de 1980, Gardner se encontraba sin hogar, viviendo con su pequeño hijo mientras luchaba por construir una carrera en el mundo financiero. A pesar de tener talento y ambición, su falta de recursos y un empleo estable lo hicieron sentir constantemente inseguro sobre su futuro financiero.

Gardner resolvió esta inseguridad enfrentándola directamente, con perseverancia y determinación. Se enfocó en sus habilidades y aprovechó cada oportunidad que se le presentó para aprender y mejorar. A pesar de las dificultades, continuó su formación como corredor de bolsa mientras enfrentaba la inseguridad financiera día a día.

Finalmente, Gardner consiguió un empleo como aprendiz en una firma de corretaje de bolsa, donde trabajó incansablemente. Su ética de trabajo, junto con su habilidad para construir relaciones y su deseo de proporcionar una vida mejor para su hijo, lo llevaron a superar la inseguridad financiera. Con el tiempo, no solo aseguró su estabilidad económica, sino que también fundó su propia firma de corretaje, Gardner Rich & Co., convirtiéndose en un exitoso empresario y millonario.

La historia de Gardner muestra que la inseguridad financiera puede ser enfrentada mediante la persistencia, la educación continua y la confianza en el propio potencial para superar las adversidades.

5. **Resentimiento por el Pasado:** las experiencias financieras negativas pasadas, como pérdidas significativas o malas decisiones de inversión, pueden generar resentimiento y miedo a repetir los mismos errores. Este obstáculo te mantiene atado a una mentalidad de escasez y limita tu capacidad de tomar decisiones audaces.

Ejemplo práctico

Aunque ya hemos hablado de Oprah Winfrey en ejemplos anteriores, vale la pena resaltarla de nuevo. Oprah Winfrey es una de las mujeres más ricas y exitosas del mundo, tuvo una infancia difícil marcada por la pobreza extrema, el abuso sexual y el abandono. Nació en una zona rural de Mississippi y vivió en la pobreza más absoluta. Durante su infancia y adolescencia, fue víctima de abusos por parte de varios miembros de su familia y sufrió un gran trauma emocional.

Estos eventos le causaron un profundo resentimiento y dolor. Durante muchos años, Oprah cargó con el peso de su pasado, lo que afectó su autoestima y su capacidad para visualizar un futuro mejor. Sin embargo, a medida que fue creciendo y comenzó a forjar su carrera en los medios de comunicación, Oprah decidió enfrentar su resentimiento y utilizar su dolor como una fuente de motivación. Oprah superó su resentimiento mediante un proceso de sanación personal que incluyó la terapia, la espiritualidad y la autoaceptación. Empezó a hablar abiertamente sobre su pasado, compartiendo su historia con el mundo. En lugar de dejar que el resentimiento la frenara, transformó su dolor en una plataforma para empoderar a otros. Su programa de televisión se convirtió en un espacio para discutir temas difíciles y ayudar a las personas a superar sus propios traumas.

Oprah también se dedicó a aprender a perdonar, no solo a las personas que la lastimaron, sino también a sí misma por las decisiones que tomó influenciada por ese dolor. Al hacerlo, logró dejar atrás el resentimiento y centrarse en construir una vida exitosa y plena.

Hoy en día, Oprah es una filántropa, empresaria y figura pública que inspira a millones de personas. Ha demostrado que, al superar el resentimiento por el pasado y transformar el dolor en poder, es posible lograr un éxito inmenso y un impacto positivo en el mundo.

6. **Autocrítica excesiva:** La tendencia a ser extremadamente crítico contigo mismo por cada error financiero puede disminuir tu confianza y motivación.

Este obstáculo emocional se manifiesta en la duda constante sobre tus decisiones y habilidades.

Ejemplo práctico

Un buen ejemplo práctico de alguien que enfrentó y superó la autocrítica excesiva es Jessica Ennis-Hill, una atleta británica y campeona olímpica en heptatlón 2012 y medalla de plata en Río 2016

Jessica Ennis-Hill, conocida por su destacado rendimiento en el heptatlón, enfrentó severas autocríticas durante su carrera, especialmente después de los Juegos Olímpicos de Londres 2012, donde ganó la medalla de oro. Tras los Juegos Olímpicos, Ennis-Hill enfrentó la presión para mantener su nivel de rendimiento y cumplir con las altas expectativas que se habían establecido para ella.

A pesar de sus éxitos, Ennis-Hill luchó con dudas sobre si podía continuar alcanzando el mismo nivel de excelencia en sus competiciones futuras. La presión para defender su título olímpico en Río 2016 y las expectativas públicas crearon un entorno de autocrítica intensa.

Cómo lo superó

Enfoque en la progresión personal: Ennis-Hill redobló su enfoque en su propio progreso y desarrollo personal en lugar de compararse constantemente con sus logros pasados o los de otros atletas. En lugar de dejarse abrumar por la autocrítica, se centró en establecer metas realistas y alcanzables para su entrenamiento y competiciones.

Apoyo profesional y personal: la atleta trabajó estrechamente con su entrenador, equipo de apoyo y familia para obtener perspectivas externas y apoyo emocional. Este soporte le permitió gestionar mejor su autocrítica y mantenerse enfocada en sus objetivos.

***Mindfulness* y técnicas de gestión del estrés:** Ennis-Hill incorporó prácticas de *mindfulness* y técnicas de gestión del estrés en su rutina para manejar la presión y la autocrítica. Estas prácticas le ayudaron a mantener una mentalidad positiva y enfocada.

Reconocimiento de logros y refuerzo positivo: Ennis-Hill se tomó el tiempo para reconocer y celebrar sus logros, por pequeños que fueran. Esta práctica de refuerzo positivo ayudó a contrarrestar la autocrítica y a mantener su motivación alta.

Adaptación a los desafíos: durante su carrera, enfrentó y superó varios desafíos, incluyendo una lesión significativa antes de los Juegos Olímpicos de Río 2016. En lugar de dejar que estos desafíos alimentaran su autocrítica, los utilizó como oportunidades para aprender y adaptarse.

Jessica Ennis-Hill manejó la autocrítica excesiva al enfocarse en su propio progreso, buscar apoyo profesional y personal, emplear técnicas de gestión del estrés, reconocer sus logros y adaptarse a los desafíos. Su capacidad para superar estas barreras le permitió continuar con éxito en su carrera y servir como una inspiración para otros atletas.

7. **Miedo a la responsabilidad:** El temor de asumir mayores responsabilidades financieras puede hacer que evites oportunidades que podrían aumentar tu riqueza.

Este miedo es una barrera invisible que te impide avanzar.

Ejemplo práctico

Un ejemplo notable que enfrentó el miedo a la responsabilidad es Evan Williams, cofundador de Twitter (ahora llamada X) y empresario de éxito en el sector tecnológico.

Evan Williams, antes de cofundar Twitter, había trabajado en varios proyectos tecnológicos, pero enfrentó el miedo a asumir la responsabilidad total de un emprendimiento de gran envergadura. Durante el desarrollo de Twitter, Williams se enfrentó a la presión de liderar una empresa que rápidamente se convirtió en una plataforma global influyente.

Cómo lo superó

Delegación y construcción de un equipo fuerte: Williams reconoció que no podía manejar todos los aspectos del negocio solo. Delegó responsabilidades clave a un equipo de confianza y expertos en diferentes áreas, lo que le permitió compartir la carga de trabajo y la responsabilidad.

Desarrollo personal y liderazgo: Williams trabajó en sus habilidades de liderazgo y en la gestión del estrés asociado con la toma de decisiones importantes. Participó en mentorías y buscó consejo de otros emprendedores experimentados.

Visión clara y propósito: se centró en la misión y visión de Twitter, lo que le proporcionó un propósito claro y una dirección. Tener un propósito definido ayudó a mitigar el miedo y le dio la confianza para tomar decisiones difíciles.

Enfoque en el aprendizaje continuo: Williams abordó su miedo a la responsabilidad como una oportunidad para aprender y crecer. Tomó cursos, asistió a conferencias y se rodeó de personas que lo ayudaron a expandir su conocimiento y habilidades en la gestión empresarial.

Resiliencia ante fracasos: aprendió a manejar el miedo a la responsabilidad enfrentando y superando los fracasos. La capacidad de recuperarse de errores y aprender de ellos fortaleció su confianza en su capacidad para liderar.

Evan Williams superó el miedo a la responsabilidad al construir un equipo sólido, desarrollar habilidades de liderazgo, enfocarse en una visión clara, aprender continuamente y enfrentar fracasos con resiliencia. Su enfoque le permitió liderar con éxito Twitter y establecerse como un influyente empresario en el mundo tecnológico.

8. **Vergüenza por la situación financiera actual:** sentirse avergonzado por no estar en una mejor posición financiera puede llevar a la inacción. La vergüenza bloquea el deseo de mejorar y te mantiene estancado en el mismo lugar.

Ejemplo práctico

Un ejemplo histórico de un empresario exitoso que enfrentó vergüenza pública por su situación financiera es Henry Ford, el fundador de Ford Motor Company.

Contexto:

A principios del siglo XX, Henry Ford y su empresa Ford Motor Company estaban en el auge de la innovación en la industria automotriz. Sin embargo, en 1915, la compañía enfrentó una grave crisis financiera. Ford se embarcó en una ambiciosa expansión y decidió invertir en la producción de un nuevo modelo, el Ford Model T. Aunque el Model T fue un gran éxito, la expansión y las operaciones a gran escala llevaron a problemas financieros significativos.

Problemas financieros: durante este periodo, Ford Motor Company tuvo dificultades financieras, incluyendo deudas crecientes y problemas de liquidez. La prensa y los competidores comenzaron a cuestionar la estabilidad financiera de la empresa y la capacidad de Ford para mantener su liderazgo en el mercado.

Conflictos públicos: además de los problemas financieros, Ford tuvo conflictos con sus socios y en la industria automotriz, lo que generó una imagen pública negativa. Las críticas y la presión pública afectaron la percepción de la solidez financiera de la empresa.

Cómo lo superó:

Innovación continua: Ford no se dejó desalentar por la situación financiera adversa. Continuó innovando y mejorando sus productos. La introducción de nuevas versiones del Model T y la adopción de métodos de producción más eficientes, como la línea de ensamblaje, ayudaron a la empresa a reducir costos y aumentar la eficiencia.

Reestructuración y adaptación: Ford llevó a cabo una reestructuración interna para optimizar operaciones y mejorar la rentabilidad. La compañía se centró en simplificar sus procesos de producción y en mejorar la calidad de sus vehículos, lo que ayudó a restaurar la confianza en la marca.

Manejo de la percepción pública: Ford se involucró directamente en la comunicación con el público y con sus inversionistas. Mantuvo una postura firme sobre su visión a largo plazo y la capacidad de la empresa para superar los desafíos. Ford utilizó su influencia para controlar la narrativa y mejorar la percepción pública.

Focalización en el mercado de masas: Ford también se centró en hacer que sus vehículos fueran accesibles para una mayor cantidad de personas. La implementación de estrategias de precios más competitivos y la expansión en el mercado global ayudaron a mejorar las ventas y a restaurar la estabilidad financiera de la empresa.

Inversiones en investigación y desarrollo: para garantizar el crecimiento a largo plazo, Ford invirtió en investigación y desarrollo para mantener su posición competitiva. La innovación constante en tecnología y en procesos de manufactura ayudó a la empresa a mantenerse relevante y a aumentar su cuota de mercado.

Henry Ford enfrentó vergüenza pública debido a problemas financieros y conflictos en la industria. Sin embargo, superó estos desafíos al continuar innovando, reestructurar la empresa, manejar la percepción pública, enfocarse en el mercado de masas y realizar inversiones en investigación y desarrollo. Estas acciones ayudaron a restaurar la estabilidad financiera de Ford Motor Company y a consolidar su posición como líder en la industria automotriz.

9. **Desconfianza en los Demás:** La creencia de que otros podrían aprovecharse de ti si alcanzas la riqueza puede llevarte a aislarte y a rechazar oportunidades de colaboración que podrían ser beneficiosas.

Ejemplo práctico

Un ejemplo de un empresario exitoso del siglo XIX que enfrentó desconfianza en los demás es Andrew Carnegie, el magnate del acero.

Andrew Carnegie comenzó su carrera como un joven inmigrante escocés sin muchos recursos y, a lo largo de su vida, construyó un imperio industrial basado en la producción de acero. Durante su carrera, enfrentó varios desafíos relacionados con la desconfianza en sus capacidades y decisiones.

Situación de desconfianza:

1. **Desconfianza en su origen y ambiciones:**

Carnegie comenzó su carrera en el negocio del acero en una época en la que el sector era dominado por grandes industriales establecidos. Muchos eran escépticos de que un inmigrante sin una educación formal y con recursos limitados pudiera competir con gigantes industriales como J.P. Morgan o Cornelius Vanderbilt.

2. **Desconfianza en sus estrategias empresariales:**

Carnegie implementó técnicas innovadoras en la producción de acero, como la integración vertical, que incluía desde la extracción de materias primas hasta la producción y venta del producto final. Estas estrategias eran poco convencionales y generaban escepticismo entre sus competidores y algunos inversionistas que preferían métodos tradicionales.

3. **Desconfianza en su enfoque en la filantropía:**

a medida que Carnegie acumulaba su fortuna, muchos cuestionaban sus intenciones al dedicar gran parte de su riqueza a la filantropía. Los críticos argumentaban que su enfoque en la filantropía podría ser una forma de cubrir su pasado oscuro o simplemente una estrategia para mejorar su imagen pública.

Cómo lo superó:

1. **Innovación y eficiencia:**

Carnegie demostró su capacidad al aplicar innovaciones tecnológicas y de gestión que transformaron la industria del acero. Su implementación del proceso de Bessemer para la producción de acero barato y de alta calidad permitió a Carnegie superar a sus competidores y establecer un dominio en el mercado. Su enfoque en la eficiencia y la mejora continua le permitió ganar credibilidad y éxito.

2. **Visión y perseverancia:**

Carnegie nunca se desvió de su visión de crear una empresa de acero que no solo fuera rentable, sino también eficiente y competitiva. Su perseverancia y habilidad para tomar decisiones audaces le ayudaron a superar la desconfianza de quienes dudaban de sus habilidades.

3. **Estrategias de integración vertical:**

la estrategia de integración vertical de Carnegie fue inicialmente vista con escepticismo, pero eventualmente demostró ser extremadamente eficaz. Al controlar todos los aspectos de la producción de acero, Carnegie redujo costos, mejoró la calidad y aumentó la rentabilidad, lo que le permitió obtener una ventaja competitiva significativa.

4. **Filantropía y legado:**

Carnegie utilizó su fortuna para financiar bibliotecas, universidades y otras instituciones educativas, lo que no solo mejoró su imagen pública, sino que también demostró su compromiso con el bienestar de la sociedad. Su enfoque en la filantropía ayudó a cambiar la percepción de sus intenciones y contribuyó a su legado como un benefactor significativo.

5. **Construcción de relaciones y redes:**

Carnegie también construyó relaciones clave con otros empresarios e inversionistas, quienes eventualmente reconocieron su habilidad y visión. Su habilidad para formar alianzas estratégicas y construir una red de contactos influyentes ayudó a consolidar su posición en el mundo empresarial.

Andrew Carnegie enfrentó desconfianza en varias formas a lo largo de su carrera, desde el escepticismo sobre su capacidad para competir en la industria del acero hasta dudas sobre sus intenciones filantrópicas. Superó estos obstáculos a través de innovaciones en la producción, una visión clara y perseverancia, estrategias efectivas de integración vertical y un fuerte enfoque en la filantropía. Su éxito en estos frentes no solo ayudó a establecer su imperio, sino que también consolidó su legado como uno de los empresarios más influyentes del siglo XIX.

10. **Miedo al éxito:** Aunque parezca contradictorio, el miedo al éxito puede ser tan paralizante como el miedo al fracaso. Este miedo se basa en la incertidumbre sobre cómo cambiará tu vida una vez que alcances la riqueza.

Ejemplo Práctico

Un ejemplo relevante de un inversionista que ha enfrentado el miedo al éxito es Peter Thiel, el cofundador de PayPal y uno de los primeros inversionistas en Facebook.

Peter Thiel es un reconocido inversor y empresario con una carrera que incluye la cofundación de PayPal y el desarrollo de Palantir Technologies. Su éxito en estas empresas lo ha colocado en el centro de la atención empresarial y financiera, y ha enfrentado el desafío del miedo al éxito en varias etapas de su carrera.

Cambios en la vida personal y profesional:

El éxito de Thiel con PayPal y su inversión temprana en Facebook lo colocaron en una posición de gran influencia y riqueza. Este éxito trajo consigo cambios significativos en su vida personal y profesional, generando un temor sobre cómo estos cambios afectarían su bienestar y sus relaciones.

Presión para mantener el éxito:

Con el éxito viene la presión para continuar logrando resultados excepcionales. Thiel enfrentó el miedo de que las expectativas crecientes y la presión de mantener su posición podrían impactar negativamente su creatividad y felicidad personal.

Temor a la expectativa pública:

Como una figura prominente en el mundo de la tecnología y la inversión, Thiel enfrentó el temor de cómo el éxito público podría afectar su vida privada y su percepción pública, generando una preocupación sobre la forma en que su éxito sería juzgado por otros.

Cómo lo superó:

Desarrollo de una filosofía personal clara:

Peter Thiel desarrolló una filosofía personal clara sobre el éxito y la riqueza. En su libro *Zero to One*, explora cómo crear valor y enfrentar desafíos innovadores. Esta filosofía le ayudó a enfrentar el miedo al éxito al proporcionarle un marco sólido para entender y manejar su éxito.

Enfoque en la innovación y el impacto:

Thiel continuó enfocándose en la innovación y el impacto a través de sus inversiones y proyectos. En lugar de centrarse en el miedo al éxito, se concentró en cómo sus esfuerzos podían cambiar el mundo de manera positiva. Este enfoque en el propósito y el impacto le permitió superar el temor a las consecuencias del éxito.

Delegación y construcción de equipos fuertes:

En lugar de cargar con toda la responsabilidad, Thiel delegó responsabilidades a equipos competentes. Al rodearse de personas talentosas y capaces, pudo compartir la carga del éxito y reducir el estrés asociado con mantener altos niveles de rendimiento.

Mantenimiento de la privacidad y el balance personal:

Thiel trabajó para mantener un equilibrio entre su vida profesional y personal. A pesar de su éxito, se esforzó por mantener una vida privada discreta y equilibrada, reduciendo el impacto del éxito en su vida personal y protegiendo su bienestar.

Reflexión y autoevaluación regular:

Thiel se dedicó a la reflexión y autoevaluación regular. Al analizar sus logros y desafíos, pudo enfrentar sus miedos y ajustar su enfoque. Esta práctica le permitió gestionar sus emociones y expectativas de manera efectiva.

Compromiso con la filantropía:

Thiel se comprometió con la filantropía y la inversión en proyectos que buscaban mejorar la sociedad. Al involucrarse en iniciativas que generaban un impacto positivo, encontró un propósito adicional en su éxito y redujo el enfoque en los temores personales asociados con la riqueza.

Aceptación de la incertidumbre:

Thiel aceptó que el éxito y la riqueza conllevan incertidumbres y cambios. A través de su filosofía y enfoque en la innovación, pudo abrazar la incertidumbre y ver el éxito como una oportunidad para explorar nuevas posibilidades en lugar de una amenaza.

Peter Thiel, el inversionista y empresario exitoso, enfrentó el miedo al éxito a través del desarrollo de una filosofía clara, el enfoque en la innovación y el impacto, la delegación, el mantenimiento de la privacidad, la reflexión, el compromiso con la filantropía y la aceptación de la incertidumbre. Estas estrategias le ayudaron a manejar sus temores y a continuar avanzando en su carrera con confianza y propósito.

Estrategias para superar obstáculos emocionales

En el camino hacia el éxito financiero, es crucial superar los obstáculos emocionales que pueden surgir. Estos obstáculos, como el miedo al fracaso, la culpa por el éxito, o la desconfianza en los demás, pueden limitar nuestras oportunidades y crecimiento, aunque ya hemos hablado de este tema en los capítulos aquí profundizaremos un poco más en el contexto. Exploraremos estrategias efectivas para abordar y superar estos desafíos emocionales, ayudándote a avanzar hacia tus metas financieras con mayor confianza y claridad.

1. Autoafirmación positiva

Qué es: la autoafirmación positiva consiste en repetir frases o pensamientos positivos sobre uno mismo para contrarrestar creencias negativas. Esta estrategia ayuda a reforzar la confianza en uno mismo y a modificar la percepción que tenemos de nuestras habilidades y capacidades.

Cómo aplicarlo:

1. **Identifica tus creencias limitantes:** Reconoce los pensamientos negativos que te están frenando.

Por ejemplo, si crees que no eres capaz de lograr el éxito financiero, esta es una creencia a abordar.

2. **Crea afirmaciones positivas:** Desarrolla afirmaciones que contrarresten esos pensamientos. Por ejemplo, "Soy capaz de alcanzar mis objetivos financieros" o "Tengo las habilidades necesarias para tener éxito".

3. **Repite diariamente:** Dedica unos minutos cada día a repetir estas afirmaciones en voz alta dos veces al día esta y las que se describieron en el capítulo 4 o escríbelas en un diario. La repetición constante ayuda a internalizar estos pensamientos positivos.

2. Visualización creativa

Qué es: la visualización creativa es una técnica en la que imaginas detalladamente tus metas y el éxito que deseas alcanzar. Esta estrategia ayuda a crear una imagen clara y motivadora de tu futuro, lo que puede impulsar tu acción hacia esos objetivos.

Cómo aplicarlo:

1. **Define tus metas:** sé claro sobre qué quieres lograr. Por ejemplo, si tu objetivo es crear una empresa exitosa, visualiza cómo sería alcanzar ese éxito.

2. **Visualiza con detalle:** imagina el proceso de alcanzar tus metas, desde los pasos que seguirás

hasta el resultado final. Visualiza cómo te sentirás al lograr tus objetivos.

3.   **Usa todos tus sentidos:** imagina no solo lo que ves, sino también lo que oyes, sientes y experimentas en tu visualización.

Ejemplo Práctico: Earl Nightingale, un pionero en el desarrollo personal, utilizó la visualización creativa para superar la inseguridad y alcanzar el éxito. Al visualizar su éxito y repetir sus metas diariamente, pudo construir una exitosa carrera como autor y orador motivacional.

3. Búsqueda de apoyo emocional

Qué es: Buscar apoyo emocional implica rodearte de personas que te brinden aliento, consejos y comprensión. Este apoyo puede provenir de amigos, familiares, mentores o grupos de apoyo o personas que ya tienen el éxito que tú quieres lograr.

En mi anterior libro, *Descubriendo a mi otro Yo*, hablamos en el capítulo 2 sobre este tema de cómo rodearse de personas que te ayuden a crecer en diferentes ámbitos de tu vida.

Cómo aplicarlo:

1.   **Identifica a tu red de apoyo:** reconoce quiénes en tu vida pueden ofrecerte el respaldo emocional que necesitas. Esto puede incluir mentores, amigos cercanos o colegas.

2.   **Comparte tus desafíos:** habla abiertamente sobre tus preocupaciones y obstáculos emocionales con estas personas. Ellos pueden ofrecerte una perspectiva externa y consejos útiles.

3. **Participa en grupos de apoyo:** únete a grupos o comunidades relacionadas con tus objetivos financieros. Compartir experiencias y aprender de otros puede ser muy valioso.

4. Práctica de la atención plena (*Mindfulness*)

Qué es: la atención plena es la práctica de estar presente en el momento actual sin juzgar. Esta técnica ayuda a reducir el estrés y la ansiedad, permitiéndote manejar mejor las emociones que surgen.

Cómo aplicarlo:

- **Dedica tiempo diario a la atención plena:** practica la meditación, la respiración consciente o simplemente pasa unos minutos al día enfocándote en el momento presente.

- **Observa tus pensamientos sin juzgar:** Cuando surjan emociones negativas, reconócelo sin dejarte llevar por ellos. Simplemente observa y deja pasar esos pensamientos.

- **Usa la atención plena para reducir el estrés:** En momentos de alta presión o toma de decisiones, utiliza la atención plena para mantener la calma y tomar decisiones más equilibradas.

5. Desarrollo de la inteligencia emocional

Qué es: la inteligencia emocional es la capacidad de reconocer, entender y manejar nuestras propias emociones, así como las de los demás. Desarrollar esta habilidad puede ayudarte a enfrentar y superar obstáculos emocionales de manera más efectiva.

Cómo aplicarlo:

1. **Identifica y entiende tus emociones:** reflexiona sobre cómo te sientes en diferentes situaciones y por qué. Este autoconocimiento te ayudará a manejar mejor tus respuestas emocionales.

2. **Desarrolla habilidades de comunicación emocional:** aprende a expresar tus emociones de manera saludable y a escuchar a los demás con empatía.

3. **Busca formación y recursos:** participa en cursos o lee libros sobre inteligencia emocional para mejorar tus habilidades.

4. **Desensibilización sistemática:** esta técnica, común en la terapia psicológica, implica enfrentar gradualmente lo que te causa miedo hasta que la emoción disminuya. Si el miedo al fracaso te paraliza, comienza tomando pequeños riesgos financieros y avanza progresivamente.

5. **Reenmarcar el fracaso:** cambia tu perspectiva sobre el fracaso. En lugar de verlo como una derrota, considéralo una oportunidad de aprendizaje. Cada fracaso financiero te ofrece lecciones valiosas que pueden llevarte al éxito en el futuro.

Superar obstáculos emocionales es clave para alcanzar el éxito financiero. Al utilizar estrategias como la autoafirmación positiva, la visualización creativa, la búsqueda de apoyo emocional, la atención plena y el desarrollo de la inteligencia emocional, puedes cambiar tu mentalidad y avanzar hacia tus metas con mayor eficacia. Estas técnicas no solo te ayudarán a enfrentar los desafíos emocionales, sino que también te proporcionarán herramientas para lograr un crecimiento personal y profesional sostenido.

Mantener la resiliencia ante los desafíos

La resiliencia emocional es la capacidad de adaptarse y recuperarse de los contratiempos, el estrés y las adversidades. En el camino hacia el éxito financiero, desarrollar esta habilidad es crucial. La **resiliencia** te permite enfrentar y superar los desafíos sin perder de vista tus objetivos. A continuación, exploraremos por qué la resiliencia es tan importante y cómo puedes mantenerla frente a los obstáculos financieros.

Importancia de desarrollar resiliencia emocional

1. Capacidad de adaptación: la resiliencia te ayuda a adaptarte a los cambios inesperados y a las dificultades. En el mundo de los negocios y las finanzas, los contratiempos son inevitables. Ser resiliente significa que puedes ajustar tus estrategias y seguir adelante, incluso cuando las cosas no salen según lo planeado.

2. Superación de fracasos: cada fracaso o error es una oportunidad de aprendizaje. La resiliencia te permite ver los fracasos no como finales, sino como lecciones que te fortalecen y te preparan para futuros éxitos.

3. Reducción del estrés: mantener la calma y la estabilidad emocional en momentos de presión es fundamental para tomar decisiones financieras sabias. La resiliencia ayuda a manejar el estrés de manera más efectiva, lo que te permite actuar con claridad y confianza.

4. Motivación continua: la resiliencia te mantiene enfocado en tus objetivos a largo plazo, incluso cuando enfrentas dificultades. Esto es esencial para mantener la motivación y no rendirse ante los obstáculos.

Consejos prácticos para mantenernos resilientes

• **Establece metas claras y realistas:** tener objetivos específicos te proporciona una dirección clara. Divide tus metas grandes en pasos más pequeños y manejables. Como se describió anteriormente, celebrar cada pequeño logro te ayudará a mantener la motivación y a sentir que estás avanzando hacia tu objetivo final.

• **Desarrolla una mentalidad positiva:** enfrenta los desafíos con una actitud positiva. En lugar de enfocarte en lo negativo, concédele atención a las oportunidades y soluciones. La forma en que piensas sobre las dificultades puede influir en tu capacidad para superarlas.

• **Busca apoyo y consejos:** no enfrentes los desafíos solo. Habla con mentores, colegas o amigos que puedan ofrecerte consejos y apoyo emocional. El respaldo de otros puede proporcionarte nuevas perspectivas y ayudarte a sentirte menos aislado.

• **Cuida tu bienestar físico y emocional:** la resiliencia no solo se construye en la mente, sino también en el cuerpo.

Mantén una rutina de ejercicio regular, una alimentación saludable y asegúrate de dormir lo suficiente. El bienestar físico impacta directamente en tu capacidad para manejar el estrés.

• **Aprende de los errores:** cada error y contratiempo es una oportunidad para aprender. Reflexiona sobre lo que salió mal, identifica las lecciones aprendidas y ajusta tu enfoque para el futuro. La resiliencia te permite ver los errores como pasos en el proceso de crecimiento.

Desarrollar y mantener la resiliencia emocional es esencial para superar los desafíos en el camino hacia el éxito financiero. Establecer metas claras, mantener una mentalidad positiva, buscar apoyo cuando creas que lo necesitas, cuidar tu bienestar y aprender de los errores son prácticas clave para fortalecer tu resiliencia. Con estas estrategias, estarás mejor preparado para enfrentar las adversidades y seguir avanzando hacia tus objetivos financieros con determinación y confianza.

Transformar los obstáculos en oportunidades

En el camino hacia el éxito financiero, los obstáculos son inevitables. Sin embargo, la forma en que percibimos estos desafíos puede marcar una gran diferencia en nuestra capacidad para superarlos y convertirlos en oportunidades. En lugar de ver los obstáculos como barreras insuperables, podemos aprender a transformarlos en trampolines que nos impulsen hacia el crecimiento y el éxito. Aquí exploraremos cómo cambiar nuestra percepción de los obstáculos y proporcionaremos ejemplos de cómo enfrentar los desafíos puede abrir puertas a nuevas oportunidades.

Cómo cambiar nuestra percepción de los obstáculos

• **Reinterpreta los desafíos como oportunidades de aprendizaje:** en lugar de considerar los obstáculos como fracasos, enfócalos como oportunidades para aprender algo nuevo. Cada desafío te brinda la posibilidad de adquirir habilidades adicionales, ampliar tus conocimientos y mejorar tu enfoque.

Ejemplo práctico: J.K. Rowling, la autora de *Harry Potter*, enfrentó múltiples rechazos de editoriales antes de que su primer libro fuera publicado. En lugar de rendirse, utilizó cada rechazo como una oportunidad para mejorar su manuscrito y fortalecer su determinación. Eventualmente, su perseverancia y aprendizaje la llevaron a convertirse en una de las autoras más exitosas del mundo.

• **Adopta una mentalidad de crecimiento:** una mentalidad de crecimiento es la creencia de que nuestras habilidades y talentos pueden desarrollarse con el tiempo y el esfuerzo. En lugar de ver los obstáculos como señales de incapacidad, considera cada desafío como una oportunidad para mejorar y crecer.

Ejemplo práctico: Oprah Winfrey enfrentó numerosos obstáculos en su vida, incluidos problemas financieros y dificultades personales. En lugar de dejar que estos desafíos la detuvieran, adoptó una mentalidad de crecimiento, viendo cada dificultad como una oportunidad para aprender y fortalecerse. Esta perspectiva la ayudó a construir un imperio mediático y convertirse en una influyente figura pública.

• **Cambia tu enfoque de problema a solución:** enfocarse en soluciones en lugar de problemas te permite mantener una actitud positiva y proactiva. Cuando enfrentas un obstáculo, analiza cómo puedes superarlo o adaptarte a él, en lugar de centrarte en las razones por las que no puedes avanzar.

Ejemplo práctico: Howard Schultz, fundador de Starbucks, enfrentó una grave crisis financiera cuando estaba expandiendo su empresa. En lugar de centrarse en el problema, se centró en soluciones innovadoras, como diversificar la oferta de productos y mejorar la experiencia del cliente. Estos cambios ayudaron a Starbucks a superar la crisis y a crecer exponencialmente.

• **Utiliza los obstáculos para reevaluar y refinar tus estrategias:** los desafíos pueden ser una señal de que es necesario ajustar tus estrategias o enfoques. Usa los obstáculos como una oportunidad para reevaluar y refinar tus planes, asegurándote de que estén alineados con tus objetivos y capacidades actuales.

Ejemplo práctico: Elon Musk enfrentó varios fracasos con SpaceX, incluyendo múltiples lanzamientos fallidos. En lugar de abandonar, Musk utilizó estos fracasos para reevaluar y ajustar sus estrategias, desarrollando nuevos métodos y tecnologías para lograr un mayor éxito en futuros lanzamientos. Esta capacidad de adaptación y refinamiento fue clave para el éxito eventual de SpaceX.

Ejemplos de cómo enfrentar los desafíos puede llevarnos a nuevas oportunidades financieras y personales

• **Reinvención tras el fracaso:** cuando un proyecto no tiene éxito, puede ser una oportunidad para reinventarse y explorar nuevas avenidas. A veces, el fracaso de un negocio o proyecto puede abrir la puerta a nuevas oportunidades que antes no se habían considerado.

Ejemplo práctico: Sara Blakely, fundadora de Spanx, comenzó su carrera con varias ideas de negocios que fracasaron antes de encontrar el éxito con su línea de ropa de control. Cada fracaso le enseñó lecciones valiosas y la preparó para tener éxito en el futuro. Su capacidad para aprender y adaptarse la ayudó a construir un negocio exitoso.

• **Desarrollo de nuevas habilidades:** enfrentar desafíos puede obligarte a adquirir nuevas habilidades o conocimientos. Estos nuevos talentos pueden ser valiosos en futuras oportunidades y pueden abrir nuevas puertas en tu carrera o negocio.

Ejemplo práctico: Richard Branson ha enfrentado numerosos desafíos en su carrera empresarial, desde la quiebra de Virgin Cola hasta problemas financieros con Virgin Galactic. Enfrentar estos desafíos lo obligó a aprender nuevas habilidades en gestión y estrategia, lo que a su vez le permitió lanzar y gestionar con éxito una serie de nuevas empresas.

• **Ampliación de la red de contactos:** los obstáculos pueden llevarte a conectar con nuevas personas y construir relaciones valiosas. Superar desafíos a menudo implica buscar ayuda y colaboración, lo que puede expandir tu red de contactos y abrir nuevas oportunidades.

Ejemplo práctico: Arianna Huffington enfrentó desafíos personales y profesionales significativos, incluyendo un colapso físico y emocional que la llevó a replantearse su enfoque hacia el éxito. Durante este proceso, se conectó con nuevos mentores y profesionales en el campo del bienestar y la salud, lo que la ayudó a lanzar su nuevo proyecto, Thrive Global, y a expandir su influencia en el ámbito del bienestar.

Transformar los obstáculos en oportunidades requiere un cambio de perspectiva. Al reinterpretar los desafíos como oportunidades de aprendizaje y crecimiento, adoptar una mentalidad de crecimiento, enfocarte en soluciones y usar los obstáculos para reevaluar tus estrategias, puedes convertir los contratiempos en trampolines hacia el éxito. Los ejemplos de figuras exitosas demuestran cómo enfrentar y superar desafíos puede llevar a nuevas oportunidades financieras y personales, ayudándote a avanzar hacia tus metas con mayor determinación y confianza.

Conclusiones del capítulo 5

En este capítulo, hemos explorado la importancia de reconocer y superar los obstáculos emocionales que pueden surgir en el camino hacia la riqueza. Identificar estos desafíos emocionales es fundamental para avanzar y alcanzar el éxito financiero que buscamos. Vamos a recapitular los conceptos clave y ofrecer un llamado a la acción para ayudarte a enfrentar estos obstáculos con confianza y determinación.

Recapitulación de los conceptos clave del capítulo

1. Identificación de obstáculos emocionales:

Miedo al fracaso: el temor a fallar puede paralizarte y evitar que tomes riesgos necesarios para el éxito.

Culpa por el éxito: sentir culpa por alcanzar el éxito puede inhibir tu crecimiento.

Envidia y comparación: compararse con otros y sentir envidia puede limitar tu potencial.

Inseguridad financiera: la duda sobre tu capacidad para manejar las finanzas puede ser un obstáculo.

Resentimiento por el pasado: dejar que el pasado te afecte puede ser perjudicial.

Autocrítica excesiva: ser demasiado crítico contigo mismo puede frenar tu progreso. Jeff Bezos nos enseña a utilizar la autocrítica de manera constructiva para mejorar y avanzar.

Miedo a la responsabilidad: temor a asumir grandes responsabilidades puede limitar tu crecimiento.

Vergüenza por la situación financiera actual: sentir vergüenza por tu situación financiera puede ser paralizante.

Desconfianza en los demás: la falta de confianza en los demás puede limitar tu capacidad para colaborar y crecer. Warren Buffett superó esta barrera al construir relaciones de confianza en el ámbito empresarial.

Miedo al éxito: el miedo a cómo cambiará tu vida con el éxito puede ser tan limitante como el miedo al fracaso. Oprah

Winfrey demostró que enfrentar este miedo puede desbloquear nuevas oportunidades.

2. Estrategias para superar obstáculos emocionales:

Autoafirmación positiva: usar afirmaciones para cambiar tu mentalidad y fortalecer tu confianza.

Visualización creativa: imagina tus metas y logros futuros para mantener la motivación y el enfoque.

Búsqueda de apoyo emocional: conecta con mentores, amigos o profesionales que puedan ofrecer orientación y apoyo.

3. Mantener la resiliencia ante los desafíos:

desarrollar resiliencia es crucial para enfrentar y superar los obstáculos emocionales. Esto implica mantener una actitud positiva, adaptarse a los cambios y aprender de las experiencias difíciles.

4. Transformar los obstáculos en oportunidades:

Ver los desafíos como oportunidades para aprender y crecer puede ayudarte a avanzar en el camino hacia el éxito financiero. Utiliza cada obstáculo como una oportunidad para mejorar tus habilidades y estrategias.

Ahora que has comprendido cómo identificar y superar los obstáculos emocionales, es momento de tomar acción. Reflexiona sobre los desafíos emocionales que has enfrentado o que podrías enfrentar en tu camino hacia la riqueza. ¿Cómo afectan tus decisiones financieras y tu progreso hacia tus metas?

Utiliza las estrategias que hemos discutido, como la autoafirmación positiva, la visualización creativa y la búsqueda de apoyo emocional, para superar estos obstáculos. Desarrolla resiliencia y aprende a transformar cada desafío en una oportunidad para crecer y avanzar.

Recuerda que el éxito financiero no es solo una cuestión de habilidades técnicas o conocimiento del mercado o área de tu negocio, sino también de cómo manejas tus emociones y tu mentalidad. Al enfrentar y superar tus obstáculos emocionales, estarás mejor preparado para alcanzar tus objetivos financieros y disfrutar de una vida más plena y exitosa. ¡Actúa ahora y comienza a transformar tu camino hacia la riqueza!

Capítulo 6: inteligencia emocional en las relaciones financieras

Introducción

En el mundo financiero, las relaciones que mantenemos con socios, clientes y colegas son tan importantes como las cifras en nuestros balances. Las decisiones financieras rara vez se toman en un vacío; a menudo dependen de las interacciones humanas, que están profundamente influenciadas por nuestras emociones. Aquí es donde entra en juego la inteligencia emocional.

La inteligencia emocional no solo mejora nuestras habilidades para manejar nuestras emociones, sino que también nos ayuda a conectar mejor con quienes nos rodean, entender sus necesidades y responder de manera más efectiva a los desafíos que surgen en las relaciones financieras. Por ejemplo, un empresario que sabe manejar sus emociones durante una negociación puede mantener la calma y enfocarse en encontrar un acuerdo beneficioso para todas las partes, en lugar de dejarse llevar por la frustración o la ansiedad.

La idea central de este capítulo es que, al desarrollar y aplicar la inteligencia emocional, podemos mejorar significativamente nuestras relaciones que permitan mejorar para bien nuestras finanzas. Ya sea que estemos trabajando con un equipo, negociando con un cliente, o gestionando las expectativas de un socio, la inteligencia emocional nos proporciona las herramientas necesarias para construir relaciones más sólidas y productivas. A lo largo de este capítulo, exploraremos cómo puedes utilizar la inteligencia emocional para fortalecer tus relaciones financieras, resolver conflictos de manera efectiva y colaborar para alcanzar objetivos comunes.

Este enfoque no solo te ayudará a tener éxito en tus proyectos financieros, sino que también contribuirá a tu bienestar emocional y al de aquellos con quienes interactúas. Cultivar estas habilidades es fundamental para cualquier persona que quiera prosperar en el mundo financiero moderno.

Importancia de cultivar buenas relaciones en los negocios y con la familia

Las interacciones que tenemos con socios, clientes, colegas y familiares en el contexto de las finanzas, son fundamentales para nuestro éxito económico y bienestar emocional. Estas relaciones no solo afectan nuestra capacidad para alcanzar nuestras metas financieras, sino que también influyen en nuestra estabilidad emocional y en cómo nos sentimos respecto a nuestras decisiones económicas.

Por ejemplo, imagina que tienes un negocio en sociedad con un amigo cercano. La confianza mutua y la buena comunicación son esenciales para tomar decisiones financieras sólidas. Si la relación se vuelve tensa por falta de comunicación o conflictos sin resolver, esto podría afectar negativamente la toma de decisiones y, en última instancia, el éxito del negocio. Del mismo modo, una relación sólida y bien gestionada puede llevar a decisiones más informadas y a un ambiente de trabajo más colaborativo y positivo.

Cultivar las buenas relaciones también se extienden a los clientes. Si eres un emprendedor o empresario, tus clientes son la base de tu éxito. Gestionar estas relaciones con inteligencia emocional puede hacer la diferencia entre un cliente satisfecho que regresa y recomienda tus productos o servicios, y un cliente insatisfecho que se aleja y habla mal de tu negocio. Por ejemplo, un cliente que se siente escuchado y comprendido es más probable que siga comprando tus productos o servicios, incluso si alguna vez surge un problema.

Además, nuestras relaciones con colegas y superiores en el lugar de trabajo son cruciales. Una buena relación con un jefe o compañero de trabajo puede abrir puertas a oportunidades de crecimiento profesional y financiero. Si eres capaz de manejar tus emociones en situaciones estresantes, como durante una revisión de desempeño o un desacuerdo sobre un proyecto, puedes mantener la calma y abordar el problema de manera constructiva, lo que fortalece la relación y beneficia a ambas partes.

Finalmente, tener buenas relaciones con la familia son quizás las más sensibles. Las decisiones financieras que tomamos en el hogar pueden afectar directamente la dinámica familiar. Por ejemplo, la transparencia y la comunicación abierta sobre asuntos financieros con tu pareja pueden evitar malentendidos y conflictos que podrían desestabilizar tu economía como la armonía familiar. Aquí, la inteligencia emocional te permite abordar las preocupaciones financieras con empatía y comprensión, asegurando que todos los miembros de la familia se sientan valorados y escuchados.

La calidad de nuestras relaciones financieras puede hacer o deshacer nuestro éxito económico y emocional. Gestionar estas relaciones con inteligencia emocional fortalece no solo nuestras finanzas, sino también el bienestar de todos los involucrados. Al enfocarnos en mejorar nuestras habilidades emocionales en este ámbito, podemos construir relaciones más sólidas y productivas que nos ayuden a alcanzar nuestras metas económicas de manera más efectiva y satisfactoria.

Empatía y comunicación efectiva

Cómo la empatía y la comunicación efectiva pueden mejorar nuestras relaciones financieras

La empatía y la comunicación efectiva son habilidades clave que pueden transformar nuestras relaciones financieras. La **empatía** nos permite entender y conectar con los sentimientos y perspectivas de otras personas, mientras que la **comunicación efectiva** nos ayuda a expresar nuestras ideas y necesidades de manera clara y respetuosa. Juntas, estas habilidades son esenciales para construir relaciones financieras sólidas y exitosas.

En el ámbito financiero, la empatía nos permite ponernos en el lugar de nuestros socios, clientes, colegas o familiares. Esto crea una conexión más profunda y aumenta la probabilidad de resolver el problema de manera que satisfaga al cliente y fortalezca la relación.

La comunicación efectiva, por otro lado, es la herramienta que utilizamos para transmitir nuestras ideas y emociones de manera que los demás las comprendan. En las relaciones financieras, una comunicación clara y respetuosa es fundamental para evitar malentendidos y conflictos. Por ejemplo, si estás negociando un acuerdo con un socio, es crucial que ambos puedan expresar sus expectativas y preocupaciones de manera abierta y honesta. Esto no solo facilita un acuerdo que beneficie a ambas partes, sino que también fortalece la confianza y el respeto mutuo.

Estrategias para desarrollar habilidades empáticas y comunicativas en el ámbito financiero

1. **Escucha activa:** la base de la empatía es la escucha activa, que implica prestar atención completa a la persona que está hablando, sin interrumpir ni juzgar. En las conversaciones financieras, escuchar activamente a tus socios, clientes o colegas te permitirá comprender mejor sus necesidades y preocupaciones, lo que facilitará una resolución más efectiva y una relación más sólida.

Ejemplo: si un cliente expresa insatisfacción con un servicio, en lugar de interrumpirlo o defenderte de inmediato, escucha con atención. Repite lo que has entendido para asegurarte de que estás en la misma sintonía y luego responde de manera que aborde sus preocupaciones de manera específica.

2. **Comunicación clara y directa:** ser claro y directo en la comunicación evita malentendidos. Asegúrate de que tus mensajes sean precisos y comprensibles, especialmente cuando se trata de temas financieros complejos. Evita el uso de jerga técnica que la otra persona podría no entender y sé transparente sobre tus intenciones y expectativas.

Ejemplo: si estás discutiendo un acuerdo financiero con un socio, en lugar de usar términos complicados o vagos, explica claramente cada punto, asegurándote de que ambos comprendan los detalles antes de seguir adelante.

3. **Expresión de emociones:** en las relaciones financieras, es importante expresar tus emociones de manera adecuada. Si te sientes frustrado o preocupado por una situación, comunícalo de forma calmada y constructiva. Esto no solo ayuda a resolver el problema, sino que también muestra a los demás que valoras la relación lo suficiente como para ser honesto.

Ejemplo: si sientes que un colega no está cumpliendo con sus responsabilidades financieras en un proyecto conjunto, en lugar de guardarte tus sentimientos, expresa tus preocupaciones de manera calmada. Por ejemplo: "Me preocupa que los plazos no se estén cumpliendo y esto podría afectar nuestro proyecto. ¿Podemos discutir cómo resolverlo juntos?"

4. **Práctica de la empatía:** desarrollar la empatía requiere práctica. Intenta imaginar cómo se siente la otra persona en una situación financiera particular y cómo te gustaría ser tratado si estuvieras en su lugar. Esto te permitirá responder de una manera que sea comprensiva y respetuosa.

Ejemplo: si un familiar tiene dificultades financieras, en lugar de juzgar sus decisiones pasadas, intenta comprender las circunstancias que lo llevaron a esa situación. Esto te ayudará a ofrecer apoyo de manera más efectiva y a mantener una relación armoniosa.

Al desarrollar estas habilidades, estarás mejor preparado para gestionar tus relaciones financieras de manera más efectiva. La empatía y la comunicación efectiva no solo mejoran la calidad de estas relaciones, sino que también te ayudan a alcanzar tus metas financieras de manera más eficiente y satisfactoria. En última instancia, al aplicar estas estrategias en el ámbito financiero, podrás construir relaciones más fuertes y duraderas que te apoyen en tu camino hacia el éxito.

Resolución de conflictos financieros

Importancia de la resolución de conflictos en las relaciones financieras

Los conflictos financieros son inevitables en cualquier relación, ya sea con socios, clientes, colegas o familiares. Sin embargo, la forma en que manejamos estos conflictos puede determinar el éxito o el fracaso de nuestras relaciones financieras. Una gestión efectiva de los conflictos no solo evita la escalada de problemas, sino que también fortalece las relaciones, fomenta la confianza y crea un entorno más colaborativo.

La resolución de conflictos se basa en la habilidad de enfrentar y manejar desacuerdos de manera constructiva. En lugar de evitar o ignorar los problemas, una persona emocionalmente inteligente reconoce el conflicto como una oportunidad para mejorar la relación. Esto implica abordar el problema con una mente abierta, estar dispuesto a escuchar y comprender la perspectiva de la otra parte, y trabajar juntos para encontrar una solución que beneficie a todos.

Consejos para manejar conflictos financieros de manera efectiva y constructiva

1. **Mantén la calma:** en cualquier conflicto, es crucial mantener la calma y no dejarse llevar por las emociones. La ira, la frustración o el miedo pueden nublar el juicio y llevar a decisiones impulsivas que empeoran la situación. Practicar la autorregulación emocional, como respirar profundamente o tomarse un momento antes de responder, puede ayudar a mantener el control durante la resolución del conflicto.

Ejemplo: si un socio expresa descontento con los términos financieros de un acuerdo, en lugar de reaccionar defensivamente, toma un momento para calmarte y responder de manera racional. Esto te permitirá discutir los puntos de desacuerdo con claridad y sin escalamiento emocional.

2. **Escucha activa y empática:** al igual que en la comunicación efectiva, la escucha activa es fundamental en la resolución de conflictos. Presta atención a lo que la otra persona está diciendo, sin interrumpir o prejuzgar. Trata de entender sus sentimientos y preocupaciones antes de ofrecer una solución. La empatía juega un papel clave aquí, ya que muestra a la otra persona que valoras su perspectiva.

Ejemplo: si un cliente se queja de un malentendido en la facturación, escúchalo atentamente y valida sus sentimientos antes de ofrecer una solución. Esto no solo ayudará a resolver el problema, sino que también fortalecerá la relación con el cliente.

3. **Busca el punto en común:** en lugar de enfocarte en las diferencias, busca áreas de acuerdo o intereses

comunes que puedan servir como base para resolver el conflicto. Esto facilita el desarrollo de soluciones que satisfagan a ambas partes y minimiza la sensación de confrontación.

Ejemplo: si tienes un desacuerdo con un colega sobre cómo repartir los beneficios de un proyecto, enfócate en el objetivo común de asegurar el éxito del proyecto. Esto puede ayudar a ambas partes a llegar a un acuerdo más fácilmente.

4. **Sé flexible y abierto a la negociación:** la rigidez en las posturas puede dificultar la resolución de conflictos. Estar dispuesto a negociar y hacer concesiones, cuando sea apropiado, puede abrir la puerta a soluciones creativas que beneficien a todos los involucrados. La flexibilidad es clave para encontrar un compromiso en situaciones donde ninguna de las partes puede obtener exactamente lo que desea.

Ejemplo: si un socio comercial no está de acuerdo con los términos de un contrato, en lugar de insistir en tu posición inicial, explora alternativas que puedan satisfacer sus preocupaciones sin comprometer tus objetivos.

5. **Enfócate en el problema, no en la persona:** es fácil dejar que los conflictos se vuelvan personales, pero esto solo agrava la situación. En lugar de atacar a la otra persona o cuestionar sus intenciones, enfócate en el problema específico que necesita ser resuelto. Esto ayuda a mantener el diálogo constructivo y reduce la tensión.

Ejemplo: si un conflicto surge porque un colega no cumplió con sus responsabilidades en un proyecto, enfócate en cómo resolver el problema y asegurar que se cumplan los plazos, en lugar de culpar o criticar a la persona.

6. **Crea soluciones colaborativas:** la mejor manera de resolver un conflicto es involucrar a ambas partes en la creación de una solución. Esto no solo asegura que ambas partes se sientan escuchadas y respetadas, sino que también aumenta la probabilidad de que la solución sea aceptada e implementada con éxito.

Ejemplo: si hay un conflicto sobre cómo manejar una crisis financiera en la empresa, reúne a todos los involucrados para discutir posibles soluciones y llegar a un consenso sobre la mejor manera de proceder.

La resolución de conflictos financieros de manera efectiva es una habilidad fundamental para mantener relaciones saludables y productivas. Al manejar los desacuerdos con calma, empatía y un enfoque en la colaboración, no solo puedes resolver los problemas de manera satisfactoria, sino que también puedes fortalecer las relaciones y construir un entorno financiero más sólido y confiable. En última instancia, la inteligencia emocional en la resolución de conflictos puede ser la diferencia entre una relación financiera exitosa y una que fracasa.

Negociación y colaboración

Cómo utilizar la inteligencia emocional en la negociación y la colaboración financiera

La negociación y la colaboración son elementos esenciales en cualquier relación financiera, ya sea en el contexto de negocios, inversiones, o incluso en las finanzas personales. La inteligencia emocional juega un papel crucial en ambos procesos, permitiendo que las partes involucradas lleguen a acuerdos beneficiosos y trabajen de manera efectiva hacia objetivos comunes.

1. Negociación basada en la empatía

En una negociación, comprender las necesidades, deseos y emociones de la otra parte puede marcar la diferencia entre un acuerdo exitoso y un fracaso. La empatía permite a los negociadores ponerse en el lugar del otro, lo que ayuda a identificar soluciones que satisfagan a ambas partes. Esto no significa ceder en todo, sino encontrar un terreno común que permita un intercambio justo y satisfactorio.

Ejemplo: imagina que estás negociando una inversión en una nueva *startup*. En lugar de centrarte únicamente en obtener el máximo beneficio para ti, trata de entender las necesidades de los fundadores. Quizás valoren más la estabilidad a largo plazo que un gran desembolso inicial. Al reconocer sus prioridades, puedes ofrecer términos que sean atractivos para ellos mientras proteges tus intereses, creando una relación de confianza y un acuerdo mutuamente beneficioso.

2. Manejo de emociones en la negociación

Las emociones pueden ser un factor decisivo en las negociaciones. La ira, la ansiedad o el entusiasmo excesivo pueden llevar a tomar decisiones precipitadas o poco razonables. Un negociador emocionalmente inteligente es consciente de sus propias emociones y sabe cómo regularlas, manteniendo la claridad y el enfoque en los objetivos. Además, es capaz de reconocer y manejar las emociones de la otra parte, evitando que éstas interfieran negativamente en el proceso.

Ejemplo: durante una negociación salarial, si sientes que la oferta no refleja tu valor, en lugar de reaccionar con frustración, puedes expresar calmadamente tus expectativas y presentar evidencia de tu contribución. Al hacerlo, mantienes la conversación en un tono positivo y profesional, lo que aumenta tus posibilidades de alcanzar un acuerdo favorable.

3. Colaboración para el éxito mutuo

La colaboración financiera implica trabajar en conjunto para alcanzar objetivos comunes, y aquí la inteligencia emocional es esencial para construir y mantener relaciones productivas. La capacidad de colaborar efectivamente se basa en la confianza, la comunicación abierta y el respeto mutuo. Una persona emocionalmente inteligente fomenta un ambiente de colaboración al ser honesta, escuchar activamente, y mostrar disposición para trabajar en equipo.

Ejemplo: si estás cofundando una empresa con otros socios, la colaboración es clave para el éxito. Si uno de los socios está pasando por un período difícil, en lugar de presionarlo o juzgarlo, ofrécele apoyo y ajusta temporalmente las responsabilidades. Esta muestra de empatía y colaboración no solo fortalece la relación, sino que también asegura la continuidad del proyecto en momentos críticos.

4. Superar barreras emocionales en la colaboración

La colaboración no siempre es fácil; a veces, surgen barreras emocionales como la desconfianza, el ego, o el miedo a la pérdida de control. Superar estas barreras requiere una inteligencia emocional bien desarrollada. Esto significa estar dispuesto a ceder el control en ciertos aspectos, confiar en las habilidades de los demás, y reconocer que el éxito compartido es más valioso que las victorias individuales.

Ejemplo: En un equipo de inversión, puede que sientas inseguridad al ceder decisiones clave a un nuevo miembro. Sin embargo, al confiar en su experiencia y permitir que tome la iniciativa en su área de especialización, no solo fortaleces al equipo, sino que también te liberas para concentrarte en otros aspectos cruciales de la estrategia.

5. Comunicación clara y asertiva en la colaboración

La comunicación efectiva es la base de cualquier colaboración exitosa. Una comunicación clara y asertiva evita malentendidos y asegura que todos los involucrados estén alineados con los objetivos comunes. La asertividad, en particular, permite expresar tus opiniones y necesidades sin ser agresivo ni pasivo, lo que facilita el diálogo constructivo y el logro de acuerdos.

Ejemplo: Si en un proyecto colaborativo hay discrepancias sobre la dirección a seguir, una comunicación asertiva te permitirá expresar tus ideas y preocupaciones de manera que otros puedan entender y respetar, mientras también estás dispuesto a escuchar y considerar sus puntos de vista.

La inteligencia emocional es una herramienta poderosa en la negociación y la colaboración financiera. Al aplicar la empatía, manejar las emociones, fomentar la confianza, y comunicarte de manera efectiva, puedes lograr acuerdos beneficiosos y construir relaciones financieras sólidas y duraderas. La capacidad de colaborar y negociar con inteligencia emocional no solo facilita el logro de objetivos financieros, sino que también fortalece las conexiones humanas que son fundamentales para el éxito a largo plazo.

Conclusiones finales del capítulo 6

A lo largo de este capítulo, hemos explorado cómo la inteligencia emocional puede transformar nuestras relaciones financieras, impactando positivamente nuestra estabilidad económica y bienestar personal. Desde entender la importancia de las relaciones financieras con socios, clientes, colegas, y familiares, hasta aprender a manejar conflictos de manera constructiva, la inteligencia emocional se ha revelado como una herramienta esencial para navegar el complejo mundo de las finanzas.

Hemos visto que la empatía y la comunicación efectiva son fundamentales para establecer y mantener relaciones financieras saludables. Estas habilidades permiten comprender las necesidades y preocupaciones de los demás, facilitar negociaciones exitosas y resolver conflictos de manera que fortalezcan las relaciones en lugar de debilitarlas. También discutimos cómo la resiliencia emocional y la capacidad de transformar obstáculos en oportunidades son clave para mantener relaciones financieras sólidas, incluso en situaciones desafiantes.

Este capítulo te invita a aplicar activamente la inteligencia emocional en todas tus interacciones financieras. Ya sea que estés negociando un contrato, colaborando en un proyecto, o resolviendo un conflicto, la capacidad de manejar tus emociones y comprender las de los demás te permitirá construir relaciones más fuertes y beneficiosas.

Empieza por practicar la empatía en cada conversación financiera: escucha atentamente, intenta ver las cosas desde la perspectiva del otro, y comunica tus propios pensamientos y sentimientos de manera clara y respetuosa. Cuando enfrentes un conflicto, mantén la calma y busca soluciones que beneficien a ambas partes, recordando que la clave no es evitar los problemas, sino manejarlos con sabiduría emocional.

Finalmente, reflexiona sobre tus experiencias pasadas en el ámbito financiero y considera cómo podrías haber aplicado la inteligencia emocional para obtener mejores resultados. Con cada nueva interacción, estarás en una posición más fuerte para manejar los desafíos financieros y aprovechar al máximo las oportunidades que se presenten.

La inteligencia emocional no solo es un recurso para mejorar tus finanzas, sino que también es un camino hacia relaciones más enriquecedoras y exitosas en todos los aspectos de tu vida. ¡Empieza hoy mismo a cultivar y aplicar estas habilidades, y observa cómo tus relaciones financieras se transforman para mejor!

Capítulo 7: utilizando la inteligencia emocional en la toma de decisiones financieras

Introducción

Tomar decisiones financieras es una parte crucial de la vida de cualquier persona que aspire a alcanzar el éxito económico. Cada decisión, desde invertir en un nuevo proyecto hasta ahorrar para el futuro, tiene un impacto significativo en nuestra estabilidad y bienestar financiero. Sin embargo, estas decisiones no siempre se basan en cálculos fríos y racionales; las emociones también juegan un papel fundamental en el proceso. Es aquí donde la inteligencia emocional se convierte en una herramienta poderosa.

En este capítulo, exploraremos cómo la inteligencia emocional puede ayudarnos a tomar decisiones financieras más efectivas y conscientes. A lo largo del camino, aprenderemos a reconocer cómo nuestras emociones pueden influir en nuestras decisiones, a equilibrar la razón y la emoción, y a reflexionar sobre nuestras experiencias pasadas para mejorar nuestras futuras decisiones.

La idea central de este capítulo es que, al comprender y gestionar nuestras emociones, podemos tomar decisiones financieras que no solo sean racionales, sino también alineadas con nuestros valores y objetivos personales. Esto no solo nos acerca a la riqueza, sino que también nos ayuda a mantener una relación saludable y equilibrada con el dinero.

¿Estás listo para descubrir cómo la inteligencia emocional puede transformar la forma en que tomas decisiones financieras? Vamos a profundizar en este apasionante tema y a aprender cómo convertir nuestras emociones en aliadas en la búsqueda del éxito financiero.

Reconociendo la influencia de las emociones en las decisiones financieras

Las decisiones financieras están profundamente conectadas con nuestras emociones, incluso si no siempre somos conscientes de ello. Sentimientos como el miedo, la avaricia, la inseguridad, o incluso la euforia, pueden influir en nuestras decisiones financieras de manera significativa.

Es importante entender que estas emociones, si no se gestionan adecuadamente, pueden desviar nuestras decisiones financieras de un camino lógico y bien pensado hacia uno dominado por reacciones emocionales.

Cómo las emociones influyen en nuestras decisiones financieras:

1. **Miedo al riesgo**: el temor a perder dinero puede llevarnos a tomar decisiones conservadoras, como evitar inversiones, aunque sean rentables a largo plazo. Este miedo puede nublar nuestro juicio, haciéndonos ignorar oportunidades que, con una evaluación racional, podrían ser beneficiosas.

2. **Avaricia y euforia**: En momentos de éxito financiero, es fácil dejarse llevar por la avaricia o la euforia, lo que puede llevarnos a asumir riesgos innecesarios, como invertir todo en un solo activo sin diversificar. Este comportamiento, impulsado por la emoción, puede resultar en pérdidas significativas si no se controla.

3. **Inseguridad y dudas**: La inseguridad sobre nuestras capacidades o conocimientos financieros puede hacer que dependamos demasiado de la opinión de otros, incluso cuando nuestro instinto o análisis personal nos dice lo contrario. Esto puede llevarnos a decisiones que no se alinean con nuestros objetivos financieros.

La inteligencia emocional como herramienta:

Reconocer la influencia de estas emociones es el primer paso para gestionarlas de manera efectiva. La inteligencia emocional nos ayuda a identificar qué emociones están en juego y a comprender cómo pueden estar afectando nuestras decisiones.

- **Identificación emocional**: al desarrollar la habilidad de identificar nuestras emociones en tiempo real, podemos detenernos y evaluar si una decisión se está basando en un miedo irracional, en la avaricia, o en cualquier otra emoción que pueda distorsionar nuestro juicio.

- **Autorreflexión**: tomarse un momento para reflexionar sobre por qué estamos tomando una decisión específica nos permite separar la lógica de la emoción. Por ejemplo, si estamos a punto de hacer una inversión arriesgada impulsada por la euforia de una ganancia anterior, la autorreflexión nos ayudará a cuestionar si esta decisión está realmente alineada con nuestros objetivos financieros a largo plazo.

- **Regulación emocional**: una vez que identificamos las emociones en juego, podemos utilizar técnicas de regulación emocional, como la respiración profunda o la meditación, para calmar la mente y tomar decisiones desde un lugar de equilibrio. Esto nos permite evaluar opciones de manera más racional y hacer elecciones financieras que realmente sirvan a nuestros intereses.

Ejemplo práctico:

consideremos el caso de un emprendedor que acaba de vender su primera empresa con gran éxito. La euforia del éxito podría llevarlo a invertir inmediatamente en un nuevo y emocionante proyecto sin hacer una investigación adecuada, impulsado por la creencia de que tiene un "toque mágico". Sin embargo, al aplicar la inteligencia emocional, este emprendedor se tomaría un tiempo para reflexionar, evaluando si la emoción está nublando su juicio y buscando un equilibrio entre su entusiasmo y un análisis racional del nuevo proyecto.

Otro ejemplo muy práctico está relacionado con la bolsa de valores puede ilustrar cómo las emociones pueden influir en las decisiones financieras y cómo la inteligencia emocional puede ayudar a gestionarlas.

Imagina a María, una inversora con una cartera diversificada de acciones en la bolsa de valores. Durante años, ha seguido una estrategia de inversión a largo plazo basada en análisis fundamentales sólidos con excelentes resultados. Sin embargo, un día, el mercado sufre una caída repentina y significativa debido a un evento económico inesperado.

Influencia de las emociones:

- **Miedo y pánico:** al ver la caída drástica del mercado y la disminución en el valor de su cartera, María siente un intenso miedo. Este miedo le hace pensar en vender todas sus acciones para evitar mayores pérdidas, aunque su estrategia original era mantener las inversiones a largo plazo.

- **Euforia en el pasado:** previo a esta caída, María había experimentado una fase alcista en el mercado, lo que la llevó a sentirse eufórica y a pensar que el mercado seguiría subiendo indefinidamente. Esta euforia la llevó a invertir en activos más riesgosos, olvidando sus principios de diversificación y prudencia.

Aplicación de la inteligencia emocional:

1. **Identificación emocional:** María reconoce que su miedo está impulsado por la caída momentánea del mercado y que su impulso de vender todo está basado en el pánico, no en un análisis racional.

2. **Autorreflexión:** en lugar de tomar decisiones impulsivas, María se toma un momento para recordar sus objetivos de inversión a largo plazo y su creencia en la solidez de las empresas en las que ha invertido. Reflexiona sobre el hecho de que las caídas del mercado son una parte normal del ciclo económico y no necesariamente indican un fracaso de sus inversiones.

3. **Regulación emocional:** María utiliza técnicas de regulación emocional, como respirar

profundamente y revisar datos históricos sobre la recuperación del mercado después de caídas anteriores y estudia nuevamente los fundamentales de las empresas donde tiene sus inversiones. Esto le permite calmarse y analizar la situación de manera más objetiva.

Resultado: en lugar de vender sus acciones en pánico, María decide mantener su cartera y, después de un análisis más racional, incluso aprovecha la oportunidad para comprar acciones de empresas sólidas a precios más bajos. Su capacidad para gestionar sus emociones le permite no solo evitar pérdidas innecesarias, sino también fortalecer su posición financiera a largo plazo.

Este ejemplo muestra cómo las emociones como el miedo y la euforia pueden influir en las decisiones de inversión en la bolsa de valores. La inteligencia emocional permite a los inversores como María reconocer y gestionar estas emociones, ayudándoles a tomar decisiones más informadas y alineadas con sus objetivos financieros a largo plazo.

Nuestras emociones son poderosas y pueden influir en nuestras decisiones financieras de maneras sutiles pero impactantes. Al desarrollar nuestra inteligencia emocional, podemos aprender a reconocer y gestionar estas influencias, lo que nos permite tomar decisiones más informadas, equilibradas y alineadas con nuestros verdaderos objetivos financieros.

Tomando decisiones basadas en la razón y la emoción

Importancia de encontrar un equilibrio entre la razón y la emoción en la toma de decisiones financieras

Cuando se trata de tomar decisiones financieras, tanto la razón como la emoción juegan roles cruciales. La razón se basa en hechos, cifras y análisis, mientras que la emoción refleja nuestros sentimientos, intuiciones y experiencias personales. Si bien la razón nos proporciona una base sólida para tomar decisiones lógicas, las emociones nos pueden ayudar a sintonizar con lo que realmente valoramos y deseamos.

Por qué es importante el equilibrio:

- **Evitar decisiones impulsivas:** si solo te dejas llevar por las emociones, como el miedo, la codicia o la euforia, puedes tomar decisiones impulsivas que no están bien fundamentadas. Por ejemplo, vender todas tus acciones durante una caída del mercado por miedo a perder más dinero, sin considerar que los mercados tienden a recuperarse, podría resultar en una pérdida innecesaria.

- **Superar la parálisis analítica:** por otro lado, si te concentras exclusivamente en la razón, analizando cada detalle sin dar espacio a lo que te dicen tus sentimientos, puedes quedarte atrapado en lo que se conoce como parálisis por análisis. Esto te impide tomar decisiones oportunas porque estás esperando que todos los datos sean perfectos, lo que rara vez ocurre.

Estrategias para tomar decisiones informadas que tengan en cuenta tanto los aspectos emocionales como los racionales

1. **Autoevaluación emocional:** antes de tomar una decisión financiera importante, pregúntate: *¿qué estoy sintiendo en este momento?* y *¿Por qué estoy sintiendo esto?* Reconocer tus emociones te ayudará a comprender si estás reaccionando impulsivamente o si hay un motivo legítimo detrás de tus sentimientos.

2. **Consulta con los datos:** asegúrate de que cualquier decisión que tomes esté respaldada por datos concretos. Si estás considerando una inversión, por ejemplo, revisa los informes financieros, analiza las tendencias del mercado y evalúa los riesgos. No ignores la lógica solo porque sientas entusiasmo o miedo.

3. **Establece criterios claros:** define con anticipación cuáles son tus criterios para tomar decisiones. Esto podría incluir el rendimiento esperado, la tolerancia al riesgo, o tus metas financieras a largo plazo. Estos criterios actúan como una brújula racional que te guiará incluso cuando tus emociones estén involucradas.

4. **Crea un período de reflexión:** después de realizar un análisis detallado y reconocer tus emociones, date un tiempo para reflexionar antes de tomar la decisión final. Este "enfriamiento" puede ayudar a disipar las emociones intensas y te permitirá ver la situación desde una perspectiva más equilibrada.

5. **Busca una segunda opinión:** hablar con un asesor financiero o una persona de confianza experta en tu sector puede ofrecerte una perspectiva objetiva. A

veces, otros pueden ver aspectos que tú, debido a tu implicación emocional, podrías pasar por alto.

6. **Practica la visualización**: imagina las posibles consecuencias de tu decisión desde ambas perspectivas: ¿Cómo te sentirás si todo sale según lo planeado? ¿Y si no? Esta visualización te permitirá anticipar cómo podrías manejar diferentes resultados y te ayudará a prepararte emocionalmente.

Ejemplo aplicado

Supongamos que estás considerando una inversión en un nuevo proyecto que parece prometedor, pero conlleva riesgos significativos. Te sientes entusiasmado por las posibles ganancias, pero también tienes dudas sobre el riesgo.

Razón: revisas el plan de negocios del proyecto, analizas los datos del mercado y consultas a expertos en la industria. La razón te dice que el proyecto tiene potencial, pero también conlleva riesgos que no puedes ignorar.

Emoción: sientes entusiasmo por la oportunidad, pero también ansiedad por la posibilidad de perder dinero. Estas emociones te indican que valoras la seguridad financiera, pero también te atrae el crecimiento.

Equilibrio: basándote en tu análisis racional, decides invertir una cantidad que, aunque significativa, no pondrá en peligro tu estabilidad financiera si las cosas no salen como esperas. De este modo, satisfaces tanto tu necesidad emocional de seguridad como tu deseo de crecimiento.

Al encontrar este equilibrio, tomas una decisión que no solo es informada y racional, sino también alineada con tus emociones y valores personales.

Ejemplo práctico en el sector inmobiliario: la compra de una nueva propiedad

Imagina que estás considerando la compra de una nueva propiedad como inversión. Es una oportunidad atractiva, ya que el inmueble está en una zona en crecimiento, y el precio parece razonable. Sin embargo, también es una decisión significativa que implica un desembolso considerable y podría tener un impacto importante en tu estabilidad financiera.

Razón: Realizas un análisis detallado de la propiedad. Investigas el mercado inmobiliario local, las tendencias de precios, y la demanda de alquileres en la zona. También calculas los costos adicionales, como impuestos, mantenimiento, y posibles renovaciones. Los datos muestran que la propiedad tiene un buen potencial de revalorización a largo plazo, pero también implica riesgos, especialmente si el mercado local no se comporta como se espera.

Emoción: Te sientes entusiasmado por la idea de adquirir un activo tangible que podría generar ingresos pasivos. Al mismo tiempo, experimentas ansiedad y dudas, temiendo que la inversión no resulte tan rentable como anticipas, o que enfrentes dificultades financieras si el valor de la propiedad disminuye.

Equilibrio: Para encontrar un equilibrio entre la razón y la emoción, decides no precipitarte. Hablas con un asesor inmobiliario de confianza y compartes tus preocupaciones emocionales y tus hallazgos racionales. El asesor te sugiere que consideres la posibilidad de negociar el precio o de empezar con una propiedad más pequeña si te sientes inseguro.

Después de reflexionar, decides hacer una oferta, pero bajo ciertas condiciones que mitiguen el riesgo, como obtener una inspección detallada de la propiedad y asegurarte de que tienes un colchón financiero suficiente en caso de que los ingresos por alquiler no sean inmediatos. De esta manera, te aseguras de que la decisión esté respaldada por un análisis racional, pero también de que te sientas emocionalmente cómodo con la inversión.

Resultado: Al final, compras la propiedad sabiendo que has hecho una evaluación equilibrada. Esta combinación de razón y emoción te da confianza en que, aunque existen riesgos, estás preparado para enfrentarlos. Además, tu tranquilidad emocional te permite disfrutar del proceso y estar más atento a las oportunidades que puedan surgir en el futuro.

Evaluación de riesgos y beneficios

La evaluación de riesgos y beneficios es un paso crucial en cualquier decisión financiera. Si podemos equilibrar muestras emociones con un análisis lógico y racional podremos equilibrar nuestras emociones permitiendo tomar decisiones más acertadas y rentables a mediano y largo plazo.

Cómo utilizar la inteligencia emocional para evaluar riesgos y beneficios

Cuando enfrentas una decisión financiera, como invertir en un nuevo negocio, comprar una propiedad o hacer una inversión en la bolsa, es natural que surjan emociones como el entusiasmo, el miedo, o la incertidumbre. Estas emociones, si no se gestionan adecuadamente, pueden llevarte a subestimar los riesgos o sobreestimar los beneficios.

La inteligencia emocional te permite:

1. **Identificar y reconocer tus emociones:** antes de tomar una decisión, es importante hacer una pausa y reflexionar sobre lo que estás sintiendo. ¿Estás demasiado entusiasmado con la idea de obtener grandes ganancias? ¿Tienes miedo de perder dinero? Reconocer estas emociones te ayuda a evitar que influyan de manera desproporcionada en tu evaluación.

2. **Desarrollar perspectiva:** una vez que identificas tus emociones, puedes empezar a analizar la situación desde un punto de vista más objetivo. Pregúntate: *¿Cuáles son los riesgos reales? ¿Qué probabilidades hay de que los beneficios superen a los riesgos?* Aquí, la inteligencia emocional te ayuda a mantener la calma y a evaluar la situación desde diferentes ángulos.

3. **Equilibrarla cautela y la ambición:** si bien es importante ser ambicioso y buscar oportunidades, es importante ser cauteloso. Por ejemplo, si estás considerando una inversión que podría tener altos rendimientos pero también implica un riesgo significativo, no te dejes llevar únicamente por la promesa de ganancias, evalúa cuidadosamente las posibles pérdidas y los riesgos.

Ejemplos de evaluación emocional adecuada en decisiones financieras

Ejemplo 1: inversión en un negocio en crecimiento

Imagina que tienes la oportunidad de invertir en un *startup* tecnológico que ha mostrado un crecimiento rápido en el último año. El entusiasmo por los beneficios potenciales es alto, pero también existe el riesgo de que el negocio no sobreviva a la competencia.

Utilizando tu inteligencia emocional, reconoces tu entusiasmo, pero también tu temor de perder la inversión. Decides analizar a fondo la empresa: revisas su plan de negocios, hablas con expertos, y consideras el mercado. Tu evaluación emocional adecuada te permite identificar que, aunque la oportunidad es tentadora, es mejor invertir solo una parte de tus ahorros en este negocio, mientras que el resto lo mantienes en inversiones más seguras.

Ejemplo 2: inversión en comercio electrónico

Imagina que Oscar, un profesional con un buen historial de ahorro, decide invertir en una tienda de comercio electrónico. Oscar siempre ha soñado con tener su propio negocio, y la idea de vender productos en línea la entusiasma mucho. Ha identificado un nicho de mercado que considera prometedor y ha encontrado un proveedor confiable. Sin embargo, también es consciente de que el mundo del comercio electrónico es competitivo y que las tasas de éxito varían.

Identificación y gestión de emociones

Oscar se siente muy emocionado con la posibilidad de hacer realidad su sueño. Sin embargo, también experimenta miedo al fracaso y ansiedad sobre el capital que necesita invertir. Con inteligencia emocional, reconoce que estas emociones son normales pero que no deben nublar su juicio.

Evaluación del riesgo

En lugar de dejarse llevar únicamente por su entusiasmo, Oscar decide hacer un análisis detallado de los riesgos y beneficios:

1. **Investigación del mercado:** Oscar realiza una investigación exhaustiva sobre el nicho de mercado, la competencia, y las tendencias de compra. Esto le ayuda a tener una visión más clara de los desafíos que podría enfrentar.

2. **Evaluación financiera:** Oscar calcula el capital necesario para lanzar y mantener la tienda durante los primeros seis meses, asegurándose de que tiene un colchón financiero en caso de que las ventas sean más lentas de lo esperado.

3. **Planificación de contingencias:** Oscar considera varios escenarios, desde un éxito rápido hasta un inicio más lento. Prepara estrategias para cada caso, como ajustar su inventario o invertir en publicidad adicional si las ventas no despegan inmediatamente.

Tomando la decisión

Después de considerar todos estos factores y equilibrar sus emociones, Oscar decide avanzar, pero lo hace de manera calculada. En lugar de invertir todos sus ahorros, empieza con una inversión más modesta para probar el mercado. Esto le permite minimizar el riesgo mientras mantiene la posibilidad de escalar el negocio si las condiciones son favorables.

Resultado

Gracias a su enfoque equilibrado, Oscar lanza su tienda con éxito y, aunque el crecimiento es gradual, evita las dificultades financieras que podrían haber surgido de una inversión impulsiva. La inteligencia emocional lo ayudó a manejar sus emociones, realizar un análisis exhaustivo y tomar una decisión informada que equilibra la pasión con la prudencia.

Aprendiendo de las decisiones pasadas

La toma de decisiones financieras no ocurre en un vacío; cada elección que hacemos se construye sobre la experiencia acumulada. Reflexionar sobre nuestras decisiones pasadas es crucial para mejorar nuestra capacidad de tomar decisiones futuras.

Importancia de aprender de las experiencias pasadas

Las decisiones financieras que hemos tomado en el pasado, ya sean exitosas o fallidas, contienen valiosas lecciones. La reflexión sobre estas decisiones nos permite identificar patrones, reconocer errores y consolidar estrategias que funcionaron bien. Al analizar qué factores emocionales influyeron en nuestras elecciones anteriores, podemos ajustar nuestro enfoque para el futuro, mejorando así la calidad de nuestras decisiones.

Por ejemplo, si en el pasado tomaste una decisión impulsiva de inversión basada en el entusiasmo momentáneo, pero que resultó en una pérdida, es fundamental reconocer cómo tus emociones guiaron esa elección. De esta manera, puedes estar más consciente en situaciones futuras y evitar caer en la misma trampa.

Consejos para reflexionar y aplicar lecciones al futuro

1. **Mantén un diario financiero:** lleva un registro de tus decisiones financieras, incluyendo lo que sentías en ese momento, los factores que consideraste, y el resultado final. Este diario se convierte en una herramienta poderosa para identificar patrones emocionales que influyen en tus decisiones.

2. **Haz una evaluación honesta:** reflexiona sobre cada decisión financiera importante que has tomado. Pregúntate qué salió bien, qué salió mal, y qué podrías haber hecho de manera diferente. Sé honesto contigo mismo y no te culpes excesivamente; la idea es aprender, no castigarte.

3. **Identifica patrones emocionales:** observa si hay emociones recurrentes que tienden a influir en tus decisiones. ¿Tiendes a ser demasiado optimista o pesimista? ¿Te dejas llevar por el miedo o la euforia? Reconocer estos patrones es el primer paso para gestionarlos de manera más efectiva en el futuro.

4. **Consulta con un mentor o asesor:** hablar con alguien de confianza que tenga experiencia en finanzas puede ofrecerte una perspectiva externa sobre tus decisiones. Un mentor puede ayudarte a identificar puntos ciegos y a desarrollar estrategias para evitar errores repetitivos.

5. **Practica la autoafirmación positiva:** utiliza la inteligencia emocional para fortalecer tu confianza en ti mismo, especialmente después de haber cometido un error financiero. Recuerda que cada error es una oportunidad de aprendizaje y que tu capacidad para mejorar depende de tu disposición a aprender de esas experiencias.

6. **Aplica las lecciones aprendidas:** la verdadera medida de aprendizaje es la aplicación de las lecciones en situaciones futuras. Si, por ejemplo, has aprendido que tiendes a invertir en exceso cuando estás emocionado, establece reglas para tu inversión, como esperar 24 horas antes de tomar una decisión final.

Ejemplo Práctico

Supongamos que Pedro, un emprendedor, lanzó su primer negocio con mucho entusiasmo pero sin la preparación adecuada, lo que resultó en su cierre al cabo de un año. Al reflexionar sobre esa experiencia, Pedro reconoció que su impaciencia y su miedo a quedarse atrás en el mercado lo llevaron a apresurarse. Decidió que en su próximo emprendimiento sería más metódico, investigando más a fondo y preparando un plan de contingencia.

Aplicando esta lección, Pedro tardó más en lanzar su segundo negocio, pero esta vez con una preparación sólida. El resultado fue un éxito a largo plazo, y Pedro atribuye este logro a su capacidad para aprender de sus decisiones pasadas y gestionar mejor sus emociones.

Aprendiendo de las decisiones pasadas: ejemplo práctico con un negocio físico

Escenario

Imaginemos a Laura, una emprendedora que decidió abrir una droguería en su ciudad. Con mucha ilusión y una visión clara, Laura lanzó su negocio, pero después de unos meses, empezó a enfrentar problemas financieros, como ventas bajas y altos costos operativos. Al reflexionar sobre la situación, Laura utiliza la inteligencia emocional para aprender de sus decisiones pasadas y mejorar su estrategia empresarial.

Reflexión y aprendizaje

1. **Análisis de la situación:** Laura revisa sus decisiones y reconoce que, a pesar de la buena intención, se apresuró al elegir la ubicación del negocio sin realizar un estudio de mercado adecuado. También notó que no había ajustado su inventario a las necesidades de los clientes locales, y sus costos operativos eran más altos de lo esperado debido a una mala gestión de proveedores.

2. **Identificación de patrones emocionales:** Laura identifica que su entusiasmo inicial la llevó a tomar decisiones rápidas sin el análisis necesario. Se dio cuenta de que sus emociones de optimismo y deseo de

comenzar rápido contribuyeron a una planificación deficiente.

3. **Consultas y revisión de estrategias:** Laura decide hablar con un mentor empresarial y consultar con un asesor de negocios sobre sus errores. El asesor le recomienda realizar un análisis de mercado más profundo, optimizar la gestión de inventario y negociar mejores términos con proveedores.

4. **Implementación de cambios:** Basada en el asesoramiento recibido, Laura lleva a cabo un nuevo estudio de mercado para entender mejor las necesidades de sus clientes. Ajusta su inventario para incluir productos que tienen mayor demanda y negocia precios más favorables con sus proveedores. Además, implementa un sistema de gestión de costos más eficiente.

5. **Aplicación de lecciones aprendidas:** Laura comienza a aplicar estas lecciones en su negocio. En lugar de tomar decisiones apresuradas basadas en emociones, ahora se toma el tiempo necesario para analizar datos y obtener asesoramiento. La ubicación del negocio se ajusta a áreas con mayor tráfico, y Laura implementa un plan de marketing dirigido a su nuevo público objetivo.

Resultados

Después de aplicar estas lecciones, Laura observa mejoras significativas en su droguería. Las ventas aumentan debido a la mejor selección de productos y una ubicación más estratégica. La optimización de costos y la gestión del inventario también contribuyen a una mayor rentabilidad. Laura se siente más segura en su capacidad para tomar decisiones informadas y utiliza su experiencia pasada para seguir adaptándose y creciendo en el negocio.

El ejemplo de Laura demuestra cómo aprender de decisiones pasadas puede transformar un negocio. Al aplicar la inteligencia emocional para reflexionar sobre los errores, identificar patrones emocionales, buscar asesoramiento y ajustar estrategias, Laura pudo superar los desafíos iniciales y construir una base sólida para el éxito continuo. Este enfoque no solo mejora la toma de decisiones, sino que también fortalece la capacidad de adaptarse y crecer en el competitivo mundo de los negocios.

Aprender de nuestras decisiones pasadas es fundamental para mejorar en la toma de decisiones financieras. Al hacerlo, nos equipamos para tomar decisiones más informadas y efectivas en el futuro, allanando el camino hacia el éxito financiero.

Conclusiones del Capítulo 7

En este capítulo, hemos explorado cómo la inteligencia emocional puede ser una herramienta poderosa para tomar decisiones financieras más efectivas. A lo largo del capítulo, hemos cubierto varios conceptos clave que te permitirán aplicar la inteligencia emocional en la toma de decisiones para mejorar tu salud financiera:

1. **Reconociendo la influencia de las emociones:** entender cómo las emociones pueden influir en nuestras decisiones financieras es fundamental. Las emociones pueden llevarnos a tomar decisiones

impulsivas o sesgadas, por lo que es crucial ser consciente de estas influencias para gestionarlas adecuadamente.

2. **Equilibrio entre razón y emoción**: hemos discutido la importancia de encontrar un equilibrio entre la razón y la emoción. Tomar decisiones informadas implica no solo evaluar datos racionales, sino también considerar cómo nuestras emociones pueden estar afectando nuestras elecciones.

3. **Evaluación de riesgos y beneficios:** utilizar la inteligencia emocional para evaluar los riesgos y beneficios de las decisiones financieras te permite tomar decisiones más equilibradas y acertadas. La capacidad para analizar tanto los aspectos emocionales como racionales te ayudará a tomar decisiones que consideren todos los factores relevantes.

4. **Aprender de las decisiones pasadas:** reflexionar sobre decisiones anteriores y aprender de ellas es crucial para mejorar continuamente. La inteligencia emocional te permite analizar tus experiencias pasadas, identificar patrones y aplicar lecciones aprendidas para evitar errores futuros.

Llamado a la acción

Para mejorar tu salud financiera y tomar decisiones más efectivas, te invito a poner en práctica los conceptos de inteligencia emocional discutidos en este capítulo. Aquí tienes algunos pasos concretos que puedes seguir:

1. **Monitorea tus emociones:** antes de tomar decisiones financieras, tómate un momento para identificar cómo te sientes. Pregúntate si tus emociones están influyendo en tu decisión y si estás actuando de manera impulsiva o reflexiva.

2. **Busca un equilibrio:** asegúrate de evaluar tanto los aspectos emocionales como los racionales antes de tomar una decisión. Analiza los datos disponibles y considera cómo tus emociones pueden estar afectando tu perspectiva.

3. **Revisa tus decisiones anteriores:** Reflexiona sobre decisiones financieras pasadas y analiza qué salió bien y qué no. Utiliza esta información para ajustar tu enfoque y evitar cometer los mismos errores.

4. **Solicita retroalimentación:** no dudes en buscar el consejo de expertos o de personas de confianza para obtener una visión externa que te ayude a tomar decisiones más informadas.

Recuerda, la inteligencia emocional no solo te ayuda a tomar decisiones financieras más informadas, sino que también mejora tu capacidad para manejar situaciones difíciles y adaptarte a cambios. Al integrar estos principios en tu vida financiera, estarás mejor preparado para enfrentar los desafíos y alcanzar tus objetivos con mayor éxito. ¡Empieza hoy a aplicar la inteligencia emocional en tus decisiones financieras y observa cómo mejora tu bienestar económico y personal!

Capítulo 8: El papel de la inteligencia emocional en la planificación financiera

Introducción

La planificación financiera es esencial para lograr estabilidad económica y alcanzar nuestras metas a largo plazo. Sin embargo, planificar de manera efectiva no es solo una cuestión de números y estrategias; también implica comprender y gestionar nuestras emociones. Aquí es donde la inteligencia emocional juega un papel crucial.

El desarrollo de la inteligencia emocional nos permite tomar decisiones más conscientes, manejar mejor nuestras reacciones emocionales y, en última instancia, crear un plan financiero que no solo sea realista, sino también alineado con nuestras necesidades y deseos más profundos. En este capítulo, exploraremos cómo utilizar la inteligencia emocional para mejorar nuestra planificación financiera y asegurar que nuestras decisiones estén en sintonía con nuestros objetivos a largo plazo.

La clave para una planificación financiera exitosa no es solo establecer metas y seguir un plan; es integrar la inteligencia emocional en cada paso del proceso. Al hacerlo, no solo mejoraremos nuestra relación con el dinero, sino que también nos posicionaremos para alcanzar nuestras metas financieras de manera más efectiva y sostenible.

Este capítulo te mostrará cómo aplicar la inteligencia emocional en la planificación financiera, ayudándote a crear un camino hacia la estabilidad económica que esté alineado con tus valores, emociones y aspiraciones a largo plazo.

Establecimiento de metas financieras

Al comprender nuestras emociones y cómo influyen en nuestras decisiones, podemos fijar objetivos que no solo sean alcanzables, sino que también resuenen con nuestros valores y deseos más profundos.

Cómo la inteligencia emocional ayuda en el establecimiento de metas

Establecer metas financieras no es solo una cuestión de números. Es un proceso que requiere una comprensión profunda de lo que realmente queremos lograr y por qué. La inteligencia emocional nos permite explorar nuestras emociones detrás de estas metas, lo que nos ayuda a identificar lo que es verdaderamente importante para nosotros. Por ejemplo, podrías darte cuenta de que tu deseo de ahorrar una cantidad específica de dinero no es solo para la seguridad financiera, sino también para sentir tranquilidad y libertad en tu vida.

Estrategias para identificar prioridades financieras

1. **Autoevaluación emocional:** comienza por reflexionar sobre cómo te sientes con respecto al dinero y tus finanzas. Pregúntate qué te motiva y qué temes. Esta autoevaluación te ayudará a identificar cuáles son tus verdaderas prioridades financieras.

2. **Alineación con valores:** asegúrate de que tus metas financieras estén alineadas con tus valores

personales. Por ejemplo, si valoras la seguridad y la estabilidad, una meta realista podría ser crear un fondo de emergencia sólido. Si valoras la libertad y la aventura, podrías enfocarte en ahorrar para un viaje que has soñado durante mucho tiempo.

3. **Metas específicas y alcanzables:** fijar metas específicas, medibles y alcanzables. En lugar de decir "quiero ahorrar más dinero", una meta emocionalmente consciente podría ser "quiero ahorrar $5,000 dólares en los próximos 12 meses para sentirme seguro ante cualquier imprevisto".

4. **Visualización y motivación:** usa técnicas de visualización para imaginar cómo te sentirás al alcanzar tus metas. Esto no solo te mantiene motivado, sino que también te conecta emocionalmente con tus objetivos, haciéndolos más reales y tangibles.

Al aplicar estas estrategias, puedes establecer metas financieras que no solo se ajusten a tus circunstancias, sino que también te impulsen hacia un futuro que te brinde satisfacción emocional y financiera.

Imaginemos a Carlos, un futbolista profesional que ha disfrutado de una carrera exitosa y ha acumulado un capital considerable. A medida que se acerca al final de su carrera deportiva, Carlos comienza a pensar en su futuro y en cómo planificar su retiro. Aquí es donde la inteligencia emocional juega un papel crucial en el establecimiento de sus metas financieras.

1.Autoevaluación emocional:

Carlos empieza por reflexionar sobre su vida y lo que realmente desea después de retirarse del fútbol. Aunque disfruta de la fama y el éxito, también siente una gran preocupación por cómo será su vida sin el deporte. Se da cuenta de que lo que más teme es perder la estructura y el propósito que el fútbol le ha dado durante tantos años.

2.Alineación con valores:

Carlos valora profundamente la estabilidad y la seguridad, no solo para él, sino también para su familia. Además, quiere seguir involucrado en el deporte de alguna manera, quizás como entrenador o mentor para jóvenes jugadores. Con estos valores en mente, Carlos decide que sus metas financieras deben centrarse en asegurar un futuro estable para él y su familia, mientras le permiten seguir conectado con el fútbol.

3. Establecimiento de metas específicas y alcanzables:

Carlos establece varias metas financieras claras. Primero, decide crear un fondo de emergencia que cubra al menos tres años de gastos, lo que le brindará tranquilidad durante la transición fuera del deporte. Luego, planea invertir en propiedades, lo que le dará ingresos pasivos y una fuente de seguridad a largo plazo. Finalmente, Carlos decide que quiere abrir una academia de fútbol, que le permitirá seguir su pasión mientras contribuye al desarrollo de futuros atletas.

4. Visualización y motivación:

Carlos usa la visualización para imaginar cómo será su vida después del retiro. Se imagina pasando más tiempo con su familia, disfrutando de la seguridad financiera que ha construido, y viendo crecer su academia de fútbol. Esta visualización no solo lo motiva, sino que también lo ayuda a mantenerse enfocado en sus objetivos a medida que se acerca el final de su carrera deportiva.

Resultados

Al aplicar estas estrategias de inteligencia emocional, Carlos no solo establece metas financieras que son realistas y alcanzables, sino que también se asegura de que estas metas estén profundamente alineadas con sus valores y deseos. Como resultado, se siente más seguro y preparado para su vida después del fútbol, sabiendo que ha tomado decisiones que le permitirán disfrutar de un retiro exitoso y significativo.

Desarrollo de un plan financiero personalizado

Desarrollar un plan financiero personalizado es fundamental para asegurar que nuestras finanzas reflejen nuestras necesidades, metas y circunstancias únicas. Aquí es donde nuestra planificación se convierte en una herramienta clave para crear un plan que no solo sea práctico, sino también alineado con nuestros valores y emociones.

Cómo utilizar la inteligencia emocional para desarrollar un plan financiero personalizado

1. **Autoevaluación emocional y financiera:** el primer paso es hacer una autoevaluación honesta de nuestra situación financiera actual y de nuestras emociones en torno al dinero. Pregúntate a ti mismo: *¿Cómo me siento con respecto a mi situación financiera actual? ¿Qué temores o*

inseguridades tengo? ¿Cuáles son mis sueños y aspiraciones? Esta introspección permite que el plan financiero no solo sea numérico, sino que también tenga en cuenta tus emociones y lo que realmente valoras.

2. **Establecimiento de prioridades:** con la inteligencia emocional, puedes identificar qué es realmente importante para ti y priorizarlo en tu plan financiero. Por ejemplo, si valoras la seguridad por encima de todo, podrías priorizar la creación de un fondo de emergencia. Si lo que más te motiva es la libertad para viajar o emprender, tu plan debería centrarse en ahorrar o invertir para alcanzar esas metas.

3. **Diseño del plan financiero:** una vez que has evaluado tus emociones y prioridades, puedes diseñar un plan que se ajuste a tus necesidades. Este plan debe incluir pasos específicos, como ahorrar un cierto porcentaje de tus ingresos, invertir en áreas que te interesen, o pagar deudas que te estén causando ansiedad. Es importante que el plan sea flexible, permitiéndote adaptarlo si tus circunstancias o emociones cambian.

4. **Mantener la Flexibilidad Emocional:** La vida es dinámica, y nuestras emociones y circunstancias pueden cambiar con el tiempo. La inteligencia emocional te ayuda a ser flexible con tu plan financiero, ajustándolo según sea necesario para mantener el equilibrio entre tus necesidades emocionales y tus objetivos financieros. Esto podría significar revaluar tus metas a medida que cambian tus prioridades o ajustar tus inversiones si una

determinada estrategia no está funcionando como esperabas.

Ejemplo práctico

Siguiendo con el ejemplo del futbolista Carlos, quien ha decidido planificar sus metas financieras para después de su retiro del fútbol, aquí te presento cómo podría desarrollar un plan financiero personalizado utilizando los conceptos explicados en este capítulo:

1. **Autoevaluación emocional y financiera:** Carlos comienza evaluando su situación actual, tanto financiera como emocionalmente. Reconoce que su carrera en el fútbol tiene una fecha de caducidad y que desea asegurar su estabilidad económica a largo plazo. Emocionalmente, siente un fuerte deseo de mantenerse activo y relevante después de su retiro, lo cual lo motiva a buscar oportunidades de negocio en el sector deportivo.

2. **Establecimiento de prioridades:** Carlos identifica que su principal prioridad es mantener su estilo de vida actual y, al mismo tiempo, generar nuevas fuentes de ingresos que le permitan sentirse realizado y seguir conectado con el mundo del deporte. Decide que, además de asegurar su retiro, quiere invertir en la apertura de academias de fútbol para jóvenes talentos, lo que le permitirá seguir vinculado al deporte que ama mientras contribuye a la formación de nuevas generaciones.

3. **Diseño del plan financiero:** basándose en sus prioridades, Carlos diseña un plan financiero que incluye los siguientes elementos:

Fondo de emergencia y ahorro para el retiro: establece un fondo de emergencia equivalente a 3 años de sus gastos actuales para asegurar su estabilidad financiera inmediata después del retiro. Además, decide destinar un porcentaje de sus ingresos actuales a la inversión en propiedad raíz para arrendar y generar ingresos por las rentas. Luego, esperar que las propiedades se valoricen para hacer préstamos al banco, refinanciar y comprar más propiedades con el objetivo de incrementando su patrimonio y los ingresos pasivos estables.

Inversión en academias de fútbol: Carlos asigna una parte significativa de su capital para invertir en la apertura de varias academias de fútbol en diferentes ciudades. Esta inversión no solo le proporcionará una fuente de ingresos pasivos, sino que también le permitirá mantenerse activo en el ámbito deportivo.

Educación financiera y asesoría: luego de reconocer que la gestión financiera no es su fuerte, Carlos decide contratar a un asesor financiero que lo guíe en sus inversiones y lo ayude a manejar su patrimonio de manera eficiente. También se compromete a educarse más en finanzas, bienes raíces asistiendo a seminarios y cursos sobre inversiones y gestión de negocios.

4. **Mantener la flexibilidad emocional:** Carlos es consciente de que tanto su vida personal como el mercado pueden cambiar, por lo que mantiene su plan financiero flexible. Por ejemplo, está dispuesto a

reevaluar sus inversiones en las academias si surge una mejor oportunidad o si las condiciones del mercado cambian. Además, está preparado para ajustar su estilo de vida en función de sus necesidades y deseos a medida que avanza en esta nueva etapa de su vida.

Ejemplo de implementación del plan financiero de Carlos

Año 1-3 post-retiro: Carlos utiliza parte de su fondo de emergencia para mantenerse mientras sus academias de fútbol y otras inversiones comienzan a generar ingresos. Durante este período, sigue aprendiendo sobre gestión de negocios y trabaja estrechamente con su asesor financiero para optimizar sus inversiones.

Año 4-5 post-retiro: las academias de Carlos comienzan a ser rentables, proporcionando ingresos regulares. Además, gracias a sus inversiones en propiedades raíces y a la gestión eficiente de sus finanzas, Carlos disfruta de una vida cómoda y sin preocupaciones financieras.

Año 6 en adelante: Carlos continúa expandiendo su negocio de academias y explora nuevas oportunidades en el sector deportivo. Su plan financiero, basado en sus prioridades y emociones, le permite no solo mantener su estabilidad económica, sino también vivir una vida plena y satisfactoria, alineada con sus valores y pasiones.

Este ejemplo muestra cómo Carlos, utilizando la inteligencia emocional, puede desarrollar un plan financiero personalizado que no solo le garantiza seguridad económica, sino que también le permite cumplir sus metas personales y profesionales a largo plazo.

Al utilizar la inteligencia emocional para desarrollar un plan financiero personalizado, no solo estamos creando un camino hacia la estabilidad y el crecimiento económico, sino que también estamos asegurando que nuestras decisiones financieras estén alineadas con nuestros valores y emociones. Esto no solo mejora nuestra relación con el dinero, sino que también nos permite vivir una vida más plena y satisfactoria y estar preparado si las condiciones cambian.

Seguimiento y ajuste del plan financiero

Una vez que has creado un plan financiero sólido y personalizado, no termina ahí. El seguimiento constante y la disposición para hacer ajustes son esenciales para asegurar que tu plan continúe siendo efectivo a lo largo del tiempo. A continuación, exploraremos la importancia de este seguimiento y cómo la inteligencia emocional puede jugar un papel crucial en mantenernos motivados y comprometidos con nuestros objetivos financieros.

Importancia de seguir de cerca nuestro plan financiero

El mundo financiero está en constante cambio, y nuestras circunstancias personales también evolucionan. Factores como fluctuaciones económicas, cambios en el mercado laboral, eventos inesperados, o incluso cambios en nuestras prioridades personales pueden impactar en nuestra situación financiera. Por eso, es crucial seguir de cerca nuestro plan financiero y estar preparados para ajustarlo según sea necesario.

1. Adaptabilidad a cambios en el entorno financiero: al monitorear regularmente tu plan financiero, puedes identificar rápidamente cualquier desviación de tus objetivos y tomar medidas correctivas. Por ejemplo, si una inversión no está rindiendo como esperabas, puedes revaluar tus opciones y mover tu dinero a una alternativa más rentable.

2. Reevaluación de prioridades personales: tus metas financieras y personales pueden cambiar con el tiempo. Lo que era importante para ti hace cinco años puede no serlo ahora. Al revisar tu plan financiero de manera periódica, puedes asegurarte de que sigue alineado con tus valores y prioridades actuales.

3. Protección contra eventos inesperados: la vida es impredecible, y pueden surgir situaciones que afecten tus finanzas, como una emergencia médica, la pérdida de un empleo o una oportunidad de inversión inesperada. Tener un plan financiero flexible y revisarlo regularmente te permite reaccionar rápidamente ante estos eventos, minimizando su impacto negativo.

Consejos para utilizar la inteligencia emocional en el seguimiento y ajuste del plan financiero

Las emociones juegan un papel clave para mantenernos motivados y comprometidos con nuestro plan financiero a largo plazo. Aquí te comparto algunos consejos prácticos:

1. Mantén la autoevaluación emocional: revisa periódicamente cómo te sientes respecto a tus finanzas y tus metas. Pregúntate si sigues motivado por las mismas razones que al principio o si algo ha cambiado en tu vida que requiera una adaptación en tu plan financiero. Ser consciente de tus emociones te permitirá tomar decisiones financieras más coherentes con tu situación actual.

2. Establece recordatorios y revisiones periódicas: programa revisiones regulares de tu plan financiero, ya sea trimestral o semestralmente. Durante estas revisiones, evalúa tu progreso, analiza cualquier cambio en tus circunstancias y ajusta el plan según sea necesario. Al hacer esto de manera sistemática, evitarás tomar decisiones impulsivas y mantendrás el control sobre tu futuro financiero.

3. Celebra los logros, grandes y pequeños: cada vez que alcanzas una meta financiera, por pequeña que sea, tómate un momento para reconocer y celebrar tu logro. Esto refuerza el comportamiento positivo y te motiva a seguir adelante. Celebrar tus éxitos también puede ayudarte a mantener una mentalidad positiva y a continuar comprometido con tu plan a largo plazo.

4. Mantén la perspectiva a largo plazo: En momentos de incertidumbre o cuando sientas que no estás avanzando como quisieras, recuerda el propósito final de tu plan financiero. Tener claridad sobre por qué estás siguiendo este camino y qué esperas lograr a largo plazo te ayudará a superar las dificultades temporales y a mantenerte enfocado.

5. Busca apoyo si lo necesitas: si en algún momento sientes que estás perdiendo el rumbo o te cuesta mantener la motivación, considera buscar apoyo. Esto puede ser en forma de un asesor financiero que te guíe, o incluso un grupo de apoyo o un mentor que entienda tus objetivos y pueda ofrecerte perspectivas valiosas.

Resistencia a las tentaciones financieras

En un mundo lleno de ofertas tentadoras, promociones irresistibles, y la constante presión de consumir, mantener la disciplina financiera puede ser un verdadero desafío. La capacidad de reconocer y gestionar nuestras emociones nos ayuda a resistir las tentaciones financieras, evitando decisiones impulsivas que puedan desviar nuestro camino hacia el logro de metas a largo plazo.

Cómo la inteligencia emocional puede ayudarnos a resistir las tentaciones financieras

Las tentaciones financieras están por todas partes: desde la última tecnología que promete mejorar nuestra vida, hasta ofertas limitadas que nos empujan a comprar ahora o nunca. A continuación, encontrarás tres formas de superar esas tentaciones.

1. Reconocer las emociones que impulsan las compras: la primera clave para resistir las tentaciones es ser consciente de las emociones que las provocan. Por ejemplo, puedes sentirte tentado a hacer una compra porque estás aburrido, ansioso o porque necesitas un impulso de autoestima. Reconocer estas emociones te permite tomar un paso atrás y analizar si realmente necesitas ese producto o si es una respuesta emocional temporal.

2. Evaluar las consecuencias a largo plazo: la inteligencia emocional nos permite pensar en el futuro y considerar cómo una decisión impulsiva podría afectar nuestras finanzas a largo plazo. Antes de hacer una compra, pregúntate: *¿Esta decisión me acerca o me aleja de mis objetivos financieros?* Si la respuesta es que te aleja, es una señal de que deberías reconsiderar la compra.

3. Mantener la perspectiva de tus objetivos: cuando te enfrentas a una tentación financiera, es útil recordar por qué estás siguiendo un plan financiero en primer lugar. Tus objetivos a largo plazo, como ahorrar para la jubilación, comprar una casa, o pagar deudas, son mucho más importantes que la gratificación instantánea. Mantener estos objetivos en mente te ayudará a resistir la tentación y seguir comprometido con tu plan.

Estrategias para evitar las decisiones impulsivas y mantener la disciplina financiera

Ahora que entendemos cómo la inteligencia emocional puede ayudarnos a resistir las tentaciones, exploremos algunas estrategias prácticas para evitar las decisiones impulsivas y mantener la disciplina financiera a lo largo del tiempo.

1. Practica la "regla de las 24 horas": cuando sientas la tentación de hacer una compra no planificada, comprométete a esperar 24 horas antes de tomar una decisión. Este tiempo te permite calmarte y evaluar racionalmente si realmente necesitas el artículo o si es un deseo impulsivo. Muchas veces, después de este período, la urgencia se desvanece, y decides no comprar.

2. Establece un presupuesto para gastos discrecionales: Crear un presupuesto que incluya una cantidad fija para gastos discrecionales (como entretenimiento o compras personales) te permite disfrutar de ciertos lujos sin desviarte de tus objetivos financieros. Esto te da la libertad de gastar dentro de límites razonables y te ayuda a evitar el gasto excesivo.

3. Automatiza tus ahorros: Configura transferencias automáticas a una cuenta de ahorros o inversión tan pronto como recibas tu salario. Al hacer que el ahorro sea automático, reduces la tentación de gastar el dinero antes de guardarlo. Esto también te ayuda a cumplir con tus metas financieras sin tener que pensar en ello cada mes.

4. Evita situaciones que te tentarán: si sabes que ciertos lugares o actividades te llevan a gastar impulsivamente, trata de evitarlos o limítalos. Por ejemplo, si tiendes a gastar en exceso cuando vas al centro comercial, considera limitar tus visitas y opta por comprar solo lo necesario en línea.

5. Encuentra alternativas para satisfacer tus emociones: si sueles gastar dinero como una forma de lidiar con emociones como el estrés o el aburrimiento, busca alternativas más saludables para gestionar esas emociones. Actividades como hacer ejercicio, meditar, o pasar tiempo con amigos y familiares pueden ayudarte a sentirte mejor sin necesidad de gastar dinero.

Ejemplo práctico: María y la tentación de gastar en ropa

María es una joven profesional que ha estado trabajando en mejorar sus finanzas personales. Ha establecido metas claras para ahorrar para un viaje de ensueño y para pagar sus préstamos estudiantiles. Sin embargo, cada vez que sale de compras, se siente tentada por las últimas tendencias de moda. En lugar de sucumbir a la tentación y desviar sus ahorros,

María decide practicar la regla de las 24 horas. Cuando ve una prenda que le gusta, se da 24 horas para pensar si realmente la necesita o si solo es un capricho del momento. A menudo, al día siguiente, se da cuenta de que no necesita la prenda y que prefiere destinar ese dinero a sus objetivos financieros más importantes.

Resistir las tentaciones financieras no es fácil, especialmente en una sociedad que constantemente nos impulsa a consumir. Sin embargo, al desarrollar y aplicar la inteligencia emocional, podemos aprender a reconocer las emociones que nos llevan a gastar impulsivamente y utilizar estrategias para mantenernos enfocados en nuestras metas financieras a largo plazo. Al hacerlo, no solo fortalecemos nuestra disciplina financiera, sino que también mejoramos nuestra relación con el dinero y aumentamos nuestras posibilidades de alcanzar la estabilidad y la abundancia económica que deseamos.

Conclusiones finales del capítulo 8

A lo largo de este capítulo, hemos explorado el papel fundamental que juega la inteligencia emocional en la planificación financiera. Desde el establecimiento de metas significativas hasta la creación de un plan financiero personalizado, y la importancia de la disciplina para resistir tentaciones financieras, cada aspecto demuestra cómo nuestras emociones pueden influir positiva o negativamente en nuestra vida económica.

Recapitulación de los conceptos clave del capítulo:

1. **Establecimiento de metas financieras:** Hemos visto cómo la inteligencia emocional nos ayuda a

establecer metas financieras realistas y alineadas con nuestros valores y emociones. Al hacerlo, nuestras metas no solo se vuelven alcanzables, sino también personalmente significativas.

2. **Desarrollo de un plan financiero personalizado:** un plan financiero que se ajusta a nuestras necesidades únicas y circunstancias es esencial para lograr nuestras metas. La inteligencia emocional nos guía para desarrollar un plan que no solo se centra en los números, sino también en nuestras emociones y prioridades.

3. **Seguimiento y ajuste del plan financiero:** mantener la motivación a lo largo del tiempo es crucial. La inteligencia emocional nos permite seguir de cerca nuestro plan, hacer ajustes cuando sea necesario, y mantenernos comprometidos con nuestros objetivos a largo plazo.

4. **Resistencia a las tentaciones financieras:** aprendimos cómo nuestras emociones pueden llevarnos a tomar decisiones impulsivas, y cómo la inteligencia emocional nos ayuda a resistir esas tentaciones, manteniendo el enfoque en nuestras metas financieras a largo plazo.

La planificación financiera es un viaje continuo, no un destino final. A medida que avanzamos en nuestra vida financiera, al tener buena inteligencia emocional se convierte en una herramienta invaluable que nos permite no solo establecer y alcanzar metas, sino también adaptarnos a los cambios y desafíos que inevitablemente surgirán.

Te invito a aplicar lo que has aprendido en este capítulo en tu vida diaria. Reflexiona sobre tus emociones y cómo influyen en tus decisiones financieras. Establece metas que realmente te importen, desarrolla un plan que resuene contigo, y mantente firme en tus objetivos, incluso cuando enfrentes tentaciones. Al hacerlo, no solo mejorarás tu salud financiera, sino que también crearás una relación más equilibrada y satisfactoria con el dinero.

Recuerda, la inteligencia emocional no es solo una habilidad que se aplica en momentos de crisis, sino una práctica continua que, cuando se integra en la planificación financiera, puede transformar tu vida económica y ayudarte a alcanzar una estabilidad y abundancia duradera para ti y tu familia.

Capítulo 9: manteniendo el equilibrio emocional en la riqueza

Introducción

Acumular riqueza es un objetivo que muchos persiguen, pero a menudo, el camino hacia la riqueza y el éxito financiero puede traer consigo desafíos emocionales. Mantener un equilibrio emocional saludable es crucial para asegurar que el bienestar emocional no se vea comprometido por el éxito financiero. Sin este equilibrio, la riqueza puede convertirse en una fuente de estrés, ansiedad, o incluso de problemas personales y familiares.

Este capítulo explorar cómo la inteligencia emocional puede ayudarnos a mantenernos emocionalmente equilibrados mientras alcanzamos nuestras metas financieras. A lo largo del capítulo, descubriremos cómo reconocer y gestionar los desafíos emocionales que surgen con la riqueza, y aprenderemos estrategias prácticas para asegurar que el bienestar emocional siga siendo una prioridad en nuestra vida, independientemente del nivel de éxito financiero que alcancemos.

Identificación de los desafíos emocionales de la riqueza

A medida que acumulamos riqueza, pueden surgir una serie de desafíos emocionales que, si no se manejan adecuadamente, pueden afectar tanto nuestra salud emocional como nuestras decisiones financieras. A continuación, se enumeran algunos de los desafíos emocionales más comunes que enfrentan las personas al acumular riqueza:

1. Culpa por el éxito financiero

La culpa es una emoción común entre quienes han alcanzado un alto nivel de éxito financiero, especialmente si provienen de entornos modestos o si sus seres queridos no han experimentado el mismo nivel de éxito. Esta culpa puede manifestarse en formas como un gasto excesivo en los demás para compensar, o incluso en una autolimitación financiera que impide disfrutar plenamente de los frutos del éxito.

Ejemplo: Imagina a alguien que ha construido una empresa próspera y se siente culpable por haber alcanzado el éxito mientras sus amigos de la infancia luchan por llegar a fin de mes. Este sentimiento de culpa podría llevarle a tomar decisiones financieras impulsadas por la necesidad de compartir su riqueza de manera poco sostenible, lo que eventualmente podría afectar su estabilidad financiera.

2. Miedo al fracaso

El miedo al fracaso puede intensificarse a medida que aumenta la riqueza. Cuanto más alto se llega, más grande parece la posible caída. Este miedo puede llevar a la parálisis en la toma de decisiones, donde una persona evita inversiones o proyectos nuevos por temor a perder lo que ha ganado.

Ejemplo: Considera a un empresario que ha acumulado una fortuna considerable, pero que ahora se siente aterrorizado ante la idea de arriesgar parte de su capital en nuevas oportunidades de negocio. El miedo al fracaso podría impedirle tomar decisiones que, aunque arriesgadas, podrían ser muy beneficiosas a largo plazo, afectando así su crecimiento financiero.

3. Ansiedad por mantener el éxito

La ansiedad por mantener el nivel de éxito alcanzado es otro desafío común. A medida que la riqueza crece, también lo hace la presión por no perderla, lo que puede llevar a una vigilancia constante y a una preocupación excesiva por las finanzas. Esta ansiedad puede resultar en comportamientos compulsivos, como la monitorización obsesiva de las inversiones o la incapacidad de desconectar del trabajo.

Ejemplo: Piensa en un inversor que ha alcanzado un éxito considerable en el mercado de valores. Este éxito lo lleva a revisar sus inversiones constantemente, lo que genera estrés y ansiedad, afectando su bienestar emocional y su capacidad para disfrutar de la vida fuera de sus logros financieros.

Impacto en la salud emocional y decisiones financieras

Estos desafíos emocionales no solo afectan el bienestar emocional, sino que también pueden influir negativamente en las decisiones financieras. La culpa puede llevar a decisiones financieras irracionales, el miedo al fracaso puede paralizar el crecimiento, y la ansiedad puede causar un enfoque demasiado estrecho en el presente, en detrimento de la planificación a largo plazo.

Ejemplo práctico: los desafíos emocionales de la riqueza

Imagina a David, un empresario que fundó una *startup* tecnológica en su garaje hace una década. Con el tiempo, su empresa creció exponencialmente, convirtiéndose en una de las más exitosas en su sector. Este éxito le permitió amasar una fortuna considerable, situándolo entre los millonarios más jóvenes de su país.

1. Culpa por el éxito financiero

David proviene de una familia de clase media baja. Sus padres trabajaron arduamente para brindarle una educación, pero nunca lograron salir de la lucha económica diaria. Al alcanzar su primer millón de dólares, David comenzó a sentir una culpa profunda por tener mucho más de lo que sus padres o amigos de la infancia podrían soñar. Esta culpa lo llevó a tomar decisiones financieras impulsivas, como comprar casas y coches caros para sus familiares y amigos, y financiar proyectos que no eran realmente viables.

Impacto: Estos actos de generosidad, aunque bien intencionados, comenzaron a drenar sus finanzas y a generar resentimientos entre algunos beneficiarios, quienes se volvieron dependientes de su ayuda o sintieron que no podían devolver el favor.

2. Miedo al fracaso

A medida que su empresa continuaba creciendo, David desarrolló un miedo paralizante al fracaso. Aunque surgían nuevas oportunidades de inversión, él se mostraba reacio a participar en ellas, temiendo que cualquier error pudiera costarle todo lo que había construido. Este miedo lo llevó a ser excesivamente conservador en sus decisiones, evitando riesgos que, aunque calculados, podrían haber sido enormemente beneficiosos.

Impacto: Al evitar inversiones potencialmente lucrativas, David perdió oportunidades de diversificar su cartera y de hacer crecer aún más su fortuna. Este enfoque conservador lo mantuvo en una posición de estancamiento durante varios años, mientras otros en su sector seguían innovando y avanzando.

3. Ansiedad por mantener el éxito

El éxito de David también trajo consigo una ansiedad constante por mantener su riqueza. Se encontraba revisando obsesivamente las fluctuaciones del mercado y los informes financieros de su empresa, temeroso de cualquier indicio de declive. Esta ansiedad afectó su salud, llevándolo a experimentar insomnio, estrés crónico, y una incapacidad para disfrutar de su vida personal.

Impacto: La obsesión de David por mantener su éxito lo alejó de su familia y amigos, y comenzó a afectar su rendimiento en el trabajo. Su enfoque exclusivo en el mantenimiento de su riqueza le impidió disfrutar de los frutos de su labor, lo que lo dejó emocionalmente agotado.

Superando los desafíos con inteligencia emocional

Finalmente, David decidió buscar ayuda para manejar sus emociones. Trabajó con un coach especializado en inteligencia emocional, quien lo ayudó a:

1. **Manejar su culpa**: aprendió a equilibrar su deseo de ayudar a otros con la necesidad de mantener su propia estabilidad financiera. Esto lo llevó a crear una fundación que apoya a jóvenes emprendedores de entornos desfavorecidos,

permitiéndole devolver algo a la sociedad de manera sostenible.

2. **Confrontar su miedo al fracaso**: David empezó a ver el fracaso no como una catástrofe, sino como una oportunidad de aprendizaje. Comenzó a tomar decisiones más equilibradas, invirtiendo en proyectos que se alineaban con sus valores y visión a largo plazo.

3. **Controlar su ansiedad**: mediante prácticas como la meditación y el *mindfulness*, David redujo su nivel de ansiedad. También delegó más responsabilidades en su equipo de confianza, lo que le permitió desconectar del trabajo y disfrutar de su vida personal.

Gracias a estas estrategias, David pudo recuperar su equilibrio emocional, mejorar su salud, y continuar su camino hacia un éxito sostenible, tanto financiero como personal.

Estrategias para mantener el equilibrio emocional

A medida que acumulamos riqueza, es crucial mantener un equilibrio emocional que nos permita disfrutar de nuestros logros sin que estos nos dominen. Aquí se proponen estrategias efectivas que pueden ayudarnos a mantener ese equilibrio, permitiéndonos navegar por los desafíos emocionales que pueden surgir en el camino hacia la abundancia.

1. Meditación para la claridad mental

La meditación es una herramienta poderosa para calmar la mente y reducir el estrés. Practicarla regularmente puede ayudarnos a mantener una perspectiva equilibrada sobre nuestra situación financiera, evitando que las preocupaciones económicas se conviertan en ansiedad o agobio. La meditación nos permite observar nuestras emociones sin dejarnos llevar por ellas, lo que es esencial para tomar decisiones financieras conscientes y no reactivas.

Ejemplo: Imagina que has tenido un mes especialmente exitoso en tu negocio, y tu riqueza ha aumentado considerablemente. Sin embargo, junto con este crecimiento, surge la presión de mantener o superar ese éxito. Dedicar 10-15 minutos diarios a la meditación puede ayudarte a liberar esa presión, permitiéndote disfrutar del éxito sin sentirte abrumado. Al crear un espacio mental tranquilo, estarás mejor preparado para tomar decisiones con claridad y serenidad.

2. Práctica de la gratitud para una perspectiva positiva

La gratitud es una práctica simple pero efectiva que nos ayuda a enfocarnos en lo que ya tenemos, en lugar de preocuparnos por lo que podríamos perder o por lo que aún deseamos. Mantener un diario de gratitud, donde anotamos diariamente tres cosas por las que estamos agradecidos, puede cambiar nuestra mentalidad de escasez a una de abundancia. Esto nos permite disfrutar de nuestra riqueza sin sentirnos ansiosos por el futuro.

Ejemplo: Supongamos que has alcanzado tus metas financieras, pero te encuentras constantemente buscando nuevas formas de aumentar tu riqueza, lo que genera un sentimiento de insatisfacción. Al practicar la gratitud, podrías reflexionar sobre todo lo que has logrado y las personas que te han apoyado en el camino. Esto te ayudará a sentirte más contento y satisfecho con lo que tienes, reduciendo la necesidad de buscar constantemente más.

3. Establecimiento de límites claros para proteger tu tiempo y energía

A medida que nuestra riqueza crece, también lo hacen las demandas sobre nuestro tiempo y recursos. Establecer límites claros es esencial para proteger nuestro bienestar emocional. Esto incluye aprender a decir "no" a solicitudes que no se alinean con nuestros valores o que pueden desbalancear nuestro equilibrio emocional. También implica establecer horarios claros para el trabajo y el descanso, asegurando que el tiempo personal no sea sacrificado en nombre del éxito financiero.

Ejemplo: Si eres un empresario exitoso, es probable que muchas personas te pidan consejo, apoyo financiero o tiempo para discutir nuevas ideas. Aunque es importante ser generoso y apoyar a los demás, es igualmente vital proteger tu bienestar. Al establecer límites claros, como dedicando ciertos días a reuniones y reservando otros para el descanso y la familia, puedes asegurarte de que tu vida personal y tu salud emocional no se vean comprometidas.

Cómo estas estrategias nos ayudan a mantenernos centrados

Al incorporar estas estrategias en nuestra vida diaria, podemos mantenernos centrados y en control de nuestras emociones, incluso a medida que nuestra riqueza aumenta. La meditación nos proporciona la claridad mental necesaria para manejar la presión financiera; la gratitud nos ayuda a apreciar lo que tenemos y a mantener una perspectiva positiva; y el establecimiento de límites protege nuestro bienestar emocional, permitiéndonos disfrutar de nuestra riqueza sin sentirnos agotados o abrumados.

Estas prácticas no solo nos ayudan a gestionar las emociones que pueden surgir con la acumulación de riqueza, sino que también nos permiten construir una relación más saludable y equilibrada con el dinero, asegurando que nuestras decisiones financieras estén alineadas con nuestro bienestar general y nuestros valores personales.

Cultivando la generosidad y la empatía

La riqueza no solo se mide por el dinero que acumulamos, sino también por la calidad de nuestras relaciones y la forma en que contribuimos al bienestar de los demás. Cultivar la generosidad y la empatía es esencial para mantener un equilibrio emocional saludable mientras perseguimos nuestros objetivos financieros. Estas cualidades no solo enriquecen nuestras vidas, sino que también fortalecen nuestras conexiones con los demás, creando un entorno de apoyo y reciprocidad.

Importancia de la generosidad y la empatía en el camino hacia la riqueza

La generosidad y la empatía actúan como contrapesos al egoísmo y al materialismo, que pueden surgir cuando nos enfocamos demasiado en la acumulación de riqueza. Ser generoso y empático nos ayuda a mantenernos conectados con nuestra humanidad, recordándonos que el éxito no solo se trata de lo que obtenemos, sino también de lo que podemos dar.

La generosidad también nos libera de la ansiedad asociada con la retención excesiva de recursos. Cuando compartimos lo que tenemos, estamos enviando un mensaje poderoso de confianza en nuestra capacidad para seguir creando y atrayendo abundancia. Por otro lado, la empatía nos permite comprender y relacionarnos con las experiencias de los demás, lo que fortalece nuestras relaciones personales y profesionales.

Consejos para mantener una actitud de generosidad y empatía

1. **Incorporar la generosidad en el plan financiero:** al igual que planificamos nuestras inversiones y gastos, también podemos planificar cómo ser generosos. Esto podría incluir donaciones regulares a organizaciones benéficas, ayudar a amigos o familiares en momentos de necesidad, o invertir en iniciativas que beneficien a la comunidad. Al reservar una parte de nuestros recursos para la generosidad, nos aseguramos de que esta siga siendo una prioridad en nuestras vidas.

Ejemplo: Imagina que has alcanzado un nivel de riqueza que te permite vivir cómodamente. Podrías decidir destinar un porcentaje fijo de tus ingresos anuales a apoyar causas que te importen, como la educación o la salud en comunidades desfavorecidas. Este acto no solo beneficia a otros, sino que también te proporciona una profunda satisfacción y un sentido de propósito.

2. **Practicar la empatía en las decisiones financieras:** la empatía nos ayuda a tomar decisiones financieras que consideren el impacto en los demás. Esto es especialmente importante en los negocios, donde nuestras decisiones pueden afectar a empleados, clientes y socios. Al cultivar la empatía, podemos asegurarnos de que nuestras acciones sean justas y beneficien a todas las partes involucradas.

Ejemplo: Supongamos que eres dueño de una empresa exitosa. Al tomar decisiones sobre la distribución de beneficios, podrías optar por reinvertir en el bienestar de tus empleados, ofreciendo bonos, mejores beneficios o programas de capacitación. Al hacerlo, no solo mejorarás la moral y el rendimiento, sino que también fortalecerás la lealtad y el compromiso dentro de tu equipo.

3. **Practicar la gratitud regularmente:** la gratitud está estrechamente relacionada con la generosidad. Cuando nos enfocamos en lo que ya tenemos, nos sentimos más inclinados a compartir con los demás. Practicar la gratitud diariamente, reflexionando sobre las bendiciones en nuestra vida, nos mantiene en un estado de abundancia y disposición a dar.

Ejemplo: Al final de cada día, podrías tomarte un momento para reflexionar sobre las cosas por las que estás agradecido, ya sea una conversación significativa, un logro profesional o simplemente la salud y el bienestar. Esta práctica de gratitud refuerza tu deseo de devolver algo a los demás, ya sea en forma de tiempo, recursos o apoyo emocional.

Cómo la generosidad y la empatía mejoran nuestra vida financiera

Incorporar la generosidad y la empatía en nuestra vida financiera no solo mejora nuestras relaciones, sino que también contribuye a nuestro propio bienestar emocional. Al compartir y conectar con los demás, reducimos el estrés, aumentamos la felicidad y creamos un ciclo positivo de apoyo mutuo. Además, estas cualidades nos protegen del aislamiento y el egoísmo que pueden surgir con la riqueza, asegurando que nuestro éxito no sea solo material, sino también profundamente satisfactorio y significativo.

Ejemplo Práctico: Warren Buffett

Warren Buffett, uno de los inversores más exitosos del mundo, es un ejemplo vivo de cómo la generosidad y la empatía pueden no solo contribuir al bienestar personal, sino también al éxito financiero. A lo largo de su vida, Buffett ha cultivado estos principios, lo que no solo le ha permitido acumular riqueza, sino también crear un impacto positivo en el mundo.

1. Generosidad a gran escala

Buffett ha demostrado una increíble generosidad a lo largo de su vida, especialmente a través de su compromiso con la filantropía. En 2006, anunció que donaría la mayor parte de su fortuna a la caridad, principalmente a la Fundación Bill y Melinda Gates. Esta donación, que asciende a decenas de miles de millones de dólares, es un ejemplo claro de cómo Buffett ha utilizado su riqueza para beneficiar a otros a gran escala.

Impacto en la riqueza: Al donar gran parte de su fortuna, Buffett no solo ha contribuido a importantes causas globales, sino que también ha generado un enorme respeto y admiración en la comunidad empresarial y más allá. Esta reputación positiva ha fortalecido su legado y, paradójicamente, ha continuado atrayendo oportunidades financieras hacia él, mostrando que la generosidad puede multiplicar los recursos en formas inesperadas.

2. Empatía en la gestión empresarial

Buffett también ha aplicado la empatía en sus prácticas empresariales. Es conocido por su enfoque a largo plazo y su respeto por los líderes de las compañías en las que invierte. En lugar de imponer cambios drásticos, Buffett confía en la experiencia y el juicio de los equipos de gestión, permitiéndoles operar con autonomía. Este enfoque no solo fomenta la lealtad y la confianza, sino que también ha llevado al éxito sostenido de muchas de las empresas en las que ha invertido.

Impacto en la riqueza: El enfoque empático de Buffett hacia la gestión empresarial ha creado un entorno en el que las empresas pueden prosperar. Al confiar en sus equipos de gestión y respetar sus decisiones, ha podido construir un portafolio de inversiones que ha crecido de manera constante. Esta empatía ha fortalecido sus relaciones empresariales y ha contribuido al crecimiento sostenido de su fortuna.

3. Práctica de la gratitud

Buffett es conocido por su humildad y su hábito de expresar gratitud por lo que tiene. Vive de manera modesta en comparación con su riqueza, reside en la misma casa en Omaha, Nebraska, que compró en 1958, y es famoso por su estilo de vida simple. Este enfoque de gratitud lo mantiene centrado y lo protege de los excesos que a menudo acompañan a la riqueza extrema.

Impacto en la riqueza: La práctica de la gratitud de Buffett le ha permitido mantenerse enfocado en lo que realmente importa: crear valor a largo plazo en lugar de perseguir ganancias rápidas o lujos innecesarios. Esta mentalidad ha sido clave en su éxito financiero, permitiéndole tomar decisiones más prudentes y estratégicas a lo largo de su carrera.

Warren Buffett es un ejemplo de cómo la generosidad, la empatía y la gratitud no solo enriquecen nuestras vidas en un sentido emocional y social, sino que también pueden contribuir directamente al éxito financiero. Al aplicar estos principios, Buffett ha construido no solo una gran fortuna, sino también un legado de impacto positivo que continuará influyendo en generaciones futuras. Su vida demuestra que el equilibrio emocional y la riqueza material no son mutuamente excluyentes, sino que pueden potenciarse mutuamente cuando se manejan con inteligencia emocional.

Fomentando el bienestar emocional general

Cómo utilizar la inteligencia emocional para fomentar un bienestar emocional general

La acumulación de riqueza puede ofrecer seguridad y oportunidades, pero no garantiza el bienestar emocional. Para llevar una vida plena y satisfactoria, es crucial desarrollar un equilibrio emocional que no dependa únicamente de los logros financieros. La inteligencia emocional es una herramienta poderosa para lograr este equilibrio.

1. Autoconciencia emocional: el primer paso para fomentar el bienestar emocional es la autoconciencia, es decir, la capacidad de reconocer nuestras emociones en el momento en que surgen. Al ser conscientes de nuestras emociones, podemos identificar cómo afectan nuestras decisiones y comportamientos. Esto nos permite actuar de manera más deliberada y no impulsiva, mejorando nuestro bienestar general.

2. Gestión de las emociones: una vez que reconocemos nuestras emociones, el siguiente paso es gestionarlas de manera saludable. Esto implica aprender a calmarse en situaciones de estrés, a manejar la frustración y a transformar emociones negativas en oportunidades para el crecimiento personal. La meditación, la respiración profunda y otras técnicas de relajación pueden ser útiles para mantenernos en equilibrio.

3. Empatía y relaciones saludables: la empatía, una parte clave de la inteligencia emocional, nos permite comprender y compartir los sentimientos de los demás. Al cultivar relaciones empáticas, creamos conexiones más profundas y significativas con quienes nos rodean, lo que enriquece nuestras vidas más allá de los logros financieros. Estas relaciones saludables contribuyen en gran medida a nuestro bienestar emocional.

Ejemplos de cómo el equilibrio emocional puede conducir a una vida plena y satisfactoria

1. Priorizar la calidad de vida: imagina a una persona que, a pesar de tener un trabajo altamente remunerado, decide trabajar menos horas para pasar más tiempo con su familia y amigos. Esta persona entiende que su bienestar emocional no depende únicamente de su salario, sino de su calidad de vida general. Al equilibrar el trabajo con las relaciones personales, esta persona logra una vida más plena y satisfactoria.

2. Valorar las experiencias sobre las posesiones: otra persona podría tener la oportunidad de comprar un coche de lujo, pero en lugar de hacerlo, decide utilizar ese dinero para viajar y vivir nuevas experiencias. Al valorar las experiencias sobre las posesiones materiales, esta persona se enfoca en el crecimiento personal y en crear recuerdos que le proporcionen felicidad a largo plazo. Este enfoque fomenta un bienestar emocional duradero.

3. Aceptación y gratitud: por último, considera a alguien que, en lugar de centrarse en lo que le falta, practica la gratitud por lo que tiene. Esta persona encuentra satisfacción en las cosas simples de la vida y no deja que la envidia o el deseo de más riquezas controlen sus emociones. Al adoptar una actitud de aceptación y gratitud, esta persona cultiva una paz interior que no está ligada a su situación financiera.

El bienestar emocional no es un subproducto automático de la riqueza, sino el resultado de una vida vivida con equilibrio, propósito y conexión emocional. Al utilizar la inteligencia emocional para reconocer y gestionar nuestras emociones, priorizar nuestras relaciones, y valorar las experiencias por encima de las posesiones, podemos alcanzar una vida más plena y satisfactoria, independientemente de nuestra situación financiera. Este equilibrio emocional es el verdadero indicador de éxito y felicidad.

Ejemplo práctico

Un ejemplo práctico de un millonario que ha cultivado estos principios de bienestar emocional y equilibrio a lo largo de su vida es Mark Zuckerberg, el fundador de Facebook, ha demostrado a lo largo de su vida como empresario y millonario varios principios que promueven el bienestar emocional y el equilibrio, lo que ha contribuido a su éxito personal y profesional.

1. Enfoque en la misión y propósito:

Zuckerberg ha estado motivado por una misión clara desde el principio: conectar a las personas en todo el mundo. Este fuerte sentido de propósito ha guiado su carrera y sus decisiones empresariales. Al centrarse en algo más grande que él mismo, ha encontrado un equilibrio emocional que va más allá de la acumulación de riqueza. La pasión por su misión lo mantiene motivado y comprometido, lo que también le proporciona satisfacción personal.

2. Valoración del tiempo en familia:

A pesar de sus responsabilidades como CEO de una de las compañías más grandes del mundo, Zuckerberg pone un gran énfasis en el tiempo que pasa con su familia. A menudo comparte fotos y momentos de su vida personal, como cuando decidió tomarse una licencia de paternidad tras el nacimiento de sus hijos. Esta decisión refleja su compromiso de mantener un equilibrio entre su vida laboral y personal, demostrando que valora la calidad de sus relaciones y el tiempo en familia.

3. Fomentar la simplicidad y el minimalismo:

Mark Zuckerberg es conocido por su estilo de vida relativamente sencillo, a pesar de su inmensa riqueza. Es famoso por su guardarropa minimalista, generalmente compuesto por una camiseta gris y *jeans*, lo que simboliza su enfoque en simplificar su vida y reducir las decisiones triviales para concentrarse en lo que realmente importa. Este enfoque no solo le ayuda a gestionar el estrés, sino que también le permite mantener un equilibrio emocional al no dejarse consumir por las posesiones materiales.

4. Generosidad y filantropía:

Zuckerberg y su esposa, Priscilla Chan, han demostrado una fuerte ética de generosidad a través de su iniciativa filantrópica, la Chan Zuckerberg Initiative. Han prometido donar un gran porcentaje de sus acciones de Facebook durante su vida para causas como la educación, la salud, y la investigación científica. Este compromiso con la filantropía muestra cómo Zuckerberg utiliza su riqueza para impactar positivamente al mundo, lo que refuerza su bienestar emocional y su sentido de propósito.

5. Promover la empatía y la conexión humana:

Uno de los pilares de Facebook es conectar a las personas. Zuckerberg ha sido un gran promotor de la empatía y la conexión humana, tanto dentro de su empresa como en la plataforma que ha creado. Su enfoque en cómo las personas interactúan y se conectan refleja su entendimiento de la importancia de las relaciones humanas para el bienestar emocional. Al construir una empresa que facilita estas conexiones, también ha fomentado un ambiente que valora y promueve la empatía.

Resultado de estos principios:

Mark Zuckerberg ha sido capaz de mantener su bienestar emocional al centrarse en una misión más grande que él mismo, valorar el tiempo con su familia, simplificar su vida, y usar su riqueza para hacer el bien. Estos principios no solo han contribuido a su éxito financiero, sino que también le han permitido llevar una vida equilibrada y satisfactoria, demostrando que la riqueza puede ser una herramienta para el bienestar emocional y el impacto positivo en el mundo.

Conclusión de capítulo 9

En este capítulo, hemos explorado cómo mantener un equilibrio emocional saludable a medida que acumulamos riqueza, un aspecto fundamental para asegurar que el éxito financiero no solo se traduzca en prosperidad material, sino también en bienestar emocional duradero.

Recapitulación de los conceptos clave:

1. **Desafíos emocionales de la riqueza:** a medida que acumulamos riqueza, es común enfrentar desafíos emocionales como la culpa, el miedo al fracaso y la ansiedad por mantener el éxito. Estos desafíos pueden afectar tanto nuestra salud emocional como nuestras decisiones financieras, llevándonos a una posible desestabilización.

2. **Estrategias para mantener el equilibrio emocional:**
   Implementar estrategias como la meditación, la práctica
   de la gratitud y el establecimiento de límites claros
   puede ser fundamental para mantener un equilibrio
   emocional. Estas prácticas ayudan a centrar nuestra
   mente, fortalecer nuestra resiliencia y gestionar nuestras
   emociones de manera efectiva.

3. **Cultivar la generosidad y la empatía:** la generosidad
   y la empatía juegan un papel crucial en el camino hacia
   la riqueza. Mantener una actitud de generosidad y
   empatía hacia los demás no solo contribuye al bienestar
   de quienes nos rodean, sino que también refuerza
   nuestro propio sentido de propósito y satisfacción
   personal.

4. **Fomentar el bienestar emocional general:** utilizar la
   inteligencia emocional para fomentar un bienestar
   general implica ir más allá de la acumulación de riqueza
   y centrarse en una vida equilibrada y satisfactoria. Esto
   incluye encontrar propósito, establecer relaciones
   significativas y mantener una perspectiva saludable
   sobre la vida y el éxito.

La verdadera riqueza no solo se mide en términos de activos
financieros, sino también en la capacidad de mantener un
equilibrio emocional saludable. Mientras continúas
acumulando riqueza y alcanzando el éxito financiero, te animo
a adoptar prácticas que te ayuden a mantener tu bienestar
emocional.

Aquí hay algunas acciones concretas que puedes tomar:

1. **Implementa prácticas de autocuidado:** dedica tiempo a actividades que te ayuden a relajarte y a mantenerte centrado, como la meditación, el ejercicio regular o pasatiempos que disfrutes.

2. **Establece límites claros:** define límites entre tu vida laboral y personal para evitar el agotamiento y garantizar tiempo de calidad para ti y tus seres queridos.

3. **Practica la gratitud:** haz un hábito diario de reflexionar sobre lo que valoras y agradeces en tu vida. Esto puede ayudarte a mantener una perspectiva positiva y a reducir el estrés.

4. **Sé generoso y empático:** usa tu riqueza y recursos para impactar positivamente a los demás y mantén una actitud empática en tus relaciones y decisiones.

Recuerda que mantener el equilibrio emocional no solo contribuye a una vida más plena y satisfactoria, sino que también te permite disfrutar de los frutos de tu éxito financiero de una manera más saludable y gratificante. Al integrar estos principios en tu vida, estarás en un mejor lugar para disfrutar tanto de tu riqueza como de tu bienestar emocional.

Capítulo 10: el futuro de la inteligencia emocional y las finanzas

Introducción

A medida que nos dirigimos hacia el futuro, la influencia de la inteligencia emocional en nuestras finanzas se expandirá aún más, integrándose de manera más profunda en las estrategias y prácticas financieras.

En el horizonte se vislumbra un paisaje financiero transformado, donde la inteligencia emocional no solo complementará nuestras habilidades financieras, sino que se convertirá en un pilar fundamental para la toma de decisiones económicas. La evolución de la inteligencia emocional, impulsada por avances tecnológicos y una mayor comprensión psicológica, promete redefinir cómo manejamos nuestras finanzas, desde la planificación hasta la inversión y la gestión del riesgo.

En este capítulo, exploraremos cómo la inteligencia emocional continuará moldeando el futuro de nuestras finanzas. Examinaremos las tendencias emergentes, el papel de la tecnología en la mejora de nuestra comprensión emocional, y cómo la educación financiera emocional se está convirtiendo en una herramienta esencial para el éxito financiero a largo plazo. También discutiremos cómo las empresas y la inteligencia artificial están aprovechando la inteligencia emocional para optimizar las decisiones financieras, y proporcionaremos una visión sobre cómo puedes prepararte para estos cambios y mejorar tu bienestar financiero en los años venideros.

Tendencias emergentes en inteligencia emocional y finanzas

Exploración de las tendencias actuales y emergentes

En el mundo financiero, la inteligencia emocional está experimentando una evolución significativa. Las tendencias emergentes están ampliando la forma en que entendemos y aplicamos la inteligencia emocional para mejorar nuestras decisiones financieras. Estas tendencias reflejan un cambio hacia una integración más profunda de aspectos psicológicos y emocionales en la planificación y gestión de nuestras finanzas.

1. Enfoque en el bienestar financiero integral

Cada vez más, los expertos financieros reconocen la importancia del bienestar financiero integral, que no solo se centra en la acumulación de riqueza, sino también en cómo nuestras emociones influyen en nuestra salud financiera. Este enfoque promueve una visión holística, donde la inteligencia emocional se utiliza para abordar el estrés financiero, la ansiedad y otras emociones que pueden impactar negativamente nuestras decisiones.

2. Personalización y adaptación emocional

Las herramientas y plataformas financieras están avanzando para ofrecer una mayor personalización. Utilizando la inteligencia emocional, estas herramientas se adaptan a las necesidades emocionales específicas de los usuarios. Por ejemplo, aplicaciones de planificación financiera pueden ajustar sus recomendaciones y estrategias basadas en el estado emocional del usuario, proporcionando consejos más relevantes y personalizados.

3. Integración de la inteligencia emocional en la formación financiera

La educación financiera está comenzando a integrar la inteligencia emocional como un componente esencial del aprendizaje. Cada vez más programas educativos incluyen módulos sobre cómo reconocer y gestionar las emociones relacionadas con el dinero, preparando a las personas para enfrentar las presiones emocionales asociadas con las finanzas y la inversión.

Ejemplos de tecnología y ciencia en la aplicación de la inteligencia emocional

1. Plataformas de inversión basadas en emociones

Las plataformas de inversión están incorporando tecnologías avanzadas para analizar las emociones de los inversores. Por ejemplo, algunos algoritmos utilizan análisis de sentimientos de redes sociales y noticias financieras para evaluar el estado emocional general del mercado. Estos datos pueden ayudar a los inversores a tomar decisiones más informadas y menos influenciadas por pánicos o euforias momentáneos.

2. Aplicaciones de finanzas personales con *feedback* emocional

Las aplicaciones de finanzas personales están utilizando inteligencia artificial para ofrecer retroalimentación emocional. Estas aplicaciones pueden rastrear patrones de gasto y ahorro, detectando cambios en el comportamiento financiero que pueden estar relacionados con el estado emocional del usuario. Por ejemplo, si un usuario muestra un patrón de gasto impulsivo durante períodos de estrés, la aplicación puede sugerir técnicas de gestión emocional para evitar decisiones financieras precipitadas.

3. Realidad virtual y simulación emocional

La realidad virtual (VR) y la simulación emocional están comenzando a jugar un papel en la formación financiera. Los programas de VR pueden recrear escenarios financieros en los que los usuarios experimentan situaciones de estrés financiero en un entorno controlado. Esto les permite practicar cómo manejar sus emociones y tomar decisiones financieras en situaciones de alta presión, mejorando su capacidad para gestionar el estrés en el mundo real.

Estas tendencias emergentes y avances tecnológicos están haciendo que la inteligencia emocional sea una parte integral de la planificación y gestión financiera. Al combinar la comprensión emocional con herramientas y tecnologías avanzadas, podemos tomar decisiones financieras más equilibradas y adaptadas a nuestras necesidades emocionales, asegurando un futuro financiero más saludable y satisfactorio.

Educación emocional en las finanzas

Importancia de la educación emocional en las finanzas

La educación sobre el control de emociones es fundamental porque ayuda a las personas a manejar no solo sus conocimientos en el sector financiero, sino también sus respuestas emocionales hacia el dinero. Aquí están las razones clave por las que es crucial:

1. **Mejora de la toma de decisiones:** las decisiones financieras a menudo están influenciadas por nuestras emociones. La educación financiera emocional enseña a las personas a reconocer cómo sus sentimientos pueden afectar sus decisiones, ayudándolas a tomar decisiones más racionales y bien fundamentadas. Por ejemplo, ayuda a evitar decisiones impulsivas por el miedo a perder o la euforia por una ganancia inesperada.

2. **Desarrollo de la resiliencia financiera:** la capacidad de enfrentar y manejar las emociones relacionadas con las finanzas, como la ansiedad por los gastos o el estrés por las inversiones, es clave para la resiliencia financiera. Las personas que aprenden a controlar sus emociones están mejor equipadas para superar desafíos económicos y mantenerse enfocadas en sus metas a largo plazo.

3. **Relación saludable con el dinero:** la educación sobre el control de emociones en las finanzas promueve una relación más saludable con el dinero. Enseña a las personas a ver el dinero no solo como una herramienta para alcanzar metas, sino también a entender y manejar las emociones que pueden surgir en torno a la acumulación y el gasto.

Propuesta de programas y recursos educativos

Para fomentar la inteligencia emocional en el ámbito financiero desde una edad temprana, es esencial implementar programas educativos y recursos que integren tanto el conocimiento financiero como el manejo emocional. Aquí te presentamos algunas propuestas efectivas:

1. Programas educativos en escuelas:

1. **Currículos integrados:** incluir en el currículo escolar materias que combinen educación financiera con desarrollo emocional. Por ejemplo, en clases de matemáticas y economía, agregar secciones que enseñen cómo las emociones, como el miedo o la avaricia, pueden influir en las decisiones financieras.

2. **Actividades prácticas:** utilizar juegos y simulaciones que enseñen a los estudiantes sobre la relación entre emociones y finanzas. Actividades como simulaciones de inversiones o juegos de rol sobre presupuestos pueden mostrar cómo las emociones pueden afectar las decisiones financieras en un entorno controlado.

2. Talleres y programas para jóvenes:

1. **Talleres de inteligencia emocional financiera:** ofrecer talleres específicos para jóvenes que enseñen cómo identificar y manejar sus emociones en relación con el dinero. Estos talleres pueden incluir ejercicios prácticos sobre cómo evitar decisiones impulsivas y cómo planificar financieramente con una mentalidad equilibrada.

2. **Mentoría financiera:** implementar programas de mentoría en los que jóvenes sean guiados por

profesionales financieros y mentores que les enseñen sobre la importancia del manejo emocional en las finanzas. Los mentores pueden proporcionar ejemplos reales y estrategias para aplicar la inteligencia emocional en la toma de decisiones financieras.

3. Recursos online y aplicaciones:

- **Aplicaciones móviles:** desarrollar aplicaciones que ofrezcan herramientas para el aprendizaje de la inteligencia emocional financiera. Estas aplicaciones pueden incluir ejercicios interactivos, evaluaciones emocionales y seguimiento del progreso tanto financiero como emocional.

- **Plataformas educativas en línea:** crear plataformas en línea que ofrezcan cursos y recursos sobre la integración de la inteligencia emocional y las finanzas. Estos cursos pueden incluir videos, lecturas y ejercicios prácticos que enseñen a los usuarios a manejar sus emociones en diferentes contextos financieros.

4. Programas para adultos:

Seminarios y talleres para adultos: ofrecer seminarios y talleres destinados a adultos que aborden la importancia de la inteligencia emocional en la gestión financiera. Estos eventos pueden proporcionar herramientas y estrategias para manejar el estrés financiero y tomar decisiones financieras equilibradas.

Capacitación en el lugar de trabajo: implementar programas de capacitación en el lugar de trabajo que incluyan educación financiera emocional. Estos programas pueden ayudar a los empleados a gestionar mejor el estrés relacionado con el dinero y a tomar decisiones financieras más informadas y equilibradas.

5. Recomendar y leer este libro las veces que sea necesario.

La información suministrada en este libro y sus ejemplos prácticos puede ahorrarte miles de dólares en cuanto a la toma de decisiones empresariales se refiere. Por lo tanto, se recomienda consultarlo en los momentos que necesites tomar decisiones importantes y el estrés y la ansiedad te nublen. Además, no está mal recomendárselo a un familiar o amigo que lo requiera para mejorar su inteligencia emocional y tomar mejores decisiones en relación a sus finanzas.

La educación en el control de las emociones es vital para formar individuos capaces de tomar decisiones financieras equilibradas y saludables. Al integrar esta educación desde una edad temprana y ofrecer recursos adecuados a lo largo de la vida, podemos ayudar a las personas a desarrollar una relación más positiva y efectiva con el dinero.

Aplicaciones prácticas en el mundo financiero

Cómo las empresas y organizaciones están aplicando la inteligencia emocional en sus estrategias financieras

Las empresas y organizaciones están reconociendo cada vez más la importancia de la inteligencia emocional (IE) en la toma de decisiones financieras y la gestión de equipos. Aquí te presentamos cómo la inteligencia emocional está siendo aplicada en el mundo financiero:

1. **Gestión del riesgo emocional:** las organizaciones están incorporando la IE para gestionar el riesgo emocional en las decisiones financieras. Esto significa entender cómo las emociones, como el miedo o la euforia, pueden afectar las decisiones de inversión y el comportamiento del mercado. Las empresas están entrenando a sus equipos para reconocer y manejar estas emociones, reduciendo así el impacto de las decisiones impulsivas y mejorando la estabilidad financiera.

2. **Desarrollo de liderazgo financiero:** la IE es fundamental en el desarrollo de líderes financieros efectivos. Los programas de formación para líderes financieros ahora incluyen componentes de IE para ayudar a los líderes a manejar el estrés, comunicarse de manera efectiva con su equipo y tomar decisiones basadas en una evaluación equilibrada de las emociones y los datos.

3. **Mejora de la comunicación y la colaboración:** la IE facilita una mejor comunicación y colaboración entre los equipos financieros y otros departamentos. Esto es crucial para la integración de estrategias financieras en toda la organización. Por ejemplo, una mayor empatía y habilidades de comunicación pueden mejorar la forma en que los equipos financieros interactúan con los departamentos de ventas y operaciones, asegurando una alineación más efectiva de los objetivos financieros con las estrategias generales de la empresa.

4. **Adaptación a cambios y crisis:** en tiempos de incertidumbre económica o crisis financiera, la IE ayuda a las empresas a adaptarse mejor. Las organizaciones que fomentan la IE entre sus empleados pueden manejar el estrés y la incertidumbre de manera más efectiva, lo que les permite responder rápidamente a los cambios del mercado y mantener la estabilidad financiera.

Ejemplos de cómo la inteligencia emocional puede mejorar la toma de decisiones financieras en entornos corporativos y de inversión

Ejemplo 1: Evaluación de Inversiones

Caso: una firma de capital de riesgo está considerando invertir en una *startup* tecnológica emergente. Los analistas de inversión deben evaluar no solo el potencial de mercado y los números financieros, sino también cómo las emociones de los fundadores y del equipo pueden influir en la ejecución del proyecto.

• **Aplicación de IE:** los analistas utilizan la IE para evaluar la resiliencia emocional del equipo fundador, su capacidad para manejar el estrés y cómo sus emociones podrían afectar la toma de decisiones y el liderazgo en la *startup*. Esto ayuda a la firma a tomar una decisión más informada sobre la inversión, basándose en una comprensión más completa del equipo y su capacidad para superar desafíos.

Ejemplo 2: Gestión de Carteras de Inversión

Caso: un gestor de fondos de inversión está manejando una cartera diversificada y debe tomar decisiones sobre la compra o venta de activos en respuesta a la volatilidad del mercado.

- **Aplicación de IE:** el gestor utiliza habilidades de IE para mantener la calma y evitar decisiones impulsivas durante períodos de alta volatilidad del mercado. También emplea la IE para comunicar efectivamente con los inversores sobre las decisiones tomadas y manejar sus expectativas, lo que reduce el impacto emocional en la relación con los clientes y ayuda a mantener la confianza en la gestión del fondo.

Ejemplo 3: Estrategias de precios y ventas

Caso: una empresa multinacional está ajustando sus estrategias de precios en respuesta a la competencia y las fluctuaciones del mercado.

- **Aplicación de IE:** el equipo de finanzas y marketing utiliza la IE para entender cómo los cambios en los precios pueden afectar la percepción emocional de los clientes y el comportamiento de compra. Esto les permite diseñar estrategias de precios que no solo maximicen los beneficios financieros, sino que también mantengan una percepción positiva de la marca entre los consumidores.

Ejemplo 4: Reestructuración Financiera

Caso: Una empresa en dificultades financieras está planeando una reestructuración para mejorar su salud económica.

- **Aplicación de IE:** Los líderes utilizan la IE para gestionar el impacto emocional de la reestructuración en los empleados. Implementan estrategias de comunicación empática y ofrecen apoyo emocional para ayudar a los empleados a adaptarse a los cambios, lo que facilita una transición más suave y mantiene la moral alta, ayudando a asegurar el éxito de la reestructuración.

La inteligencia emocional está transformando el mundo financiero al proporcionar una mayor comprensión y control sobre las emociones que influyen en las decisiones financieras. Al aplicar la IE en la gestión del riesgo emocional, el desarrollo de liderazgo, la comunicación, y la adaptación a cambios, las empresas pueden mejorar significativamente sus resultados financieros. Los ejemplos anteriores muestran cómo la integración de la IE en las estrategias financieras puede conducir a decisiones más informadas, una mejor gestión de crisis, y una mayor estabilidad y éxito a largo plazo.

El papel de la inteligencia artificial en la inteligencia emocional

Exploración de cómo la inteligencia artificial está siendo utilizada para mejorar la inteligencia emocional en el ámbito financiero

La inteligencia artificial (IA) está revolucionando muchos campos, y las finanzas no son una excepción. La IA puede ser una herramienta poderosa para mejorar la inteligencia emocional (IE) en el ámbito financiero al proporcionar análisis avanzados y apoyo en la toma de decisiones. A continuación, exploramos cómo la IA está contribuyendo a mejorar la IE en las finanzas y cómo puede ser utilizada para identificar y gestionar emociones de manera más eficiente.

1. **Análisis de sentimientos en tiempo real:** los sistemas de IA pueden analizar grandes volúmenes de datos de texto, como noticias, redes sociales y comentarios de clientes, para identificar y medir el sentimiento del mercado en tiempo real. Esto permite a las empresas y a los inversores comprender cómo las emociones colectivas están influyendo en el mercado y ajustar sus estrategias en consecuencia.

2. **Reconocimiento de patrones emocionales:** algoritmos avanzados de IA pueden detectar patrones emocionales en el comportamiento de los clientes y empleados, a partir de interacciones y datos históricos. Estos patrones pueden indicar cómo las emociones están afectando las decisiones financieras, ayudando a las empresas a ajustar sus estrategias y ofrecer un mejor soporte emocional.

3. **Asistentes virtuales y chatbots:** los asistentes virtuales y chatbots impulsados por IA pueden interactuar con clientes y empleados para proporcionar apoyo emocional y resolver problemas financieros. Estos sistemas utilizan el procesamiento del lenguaje natural y el análisis de sentimientos para ofrecer respuestas empáticas y relevantes, mejorando la experiencia del usuario y ayudando a manejar las emociones relacionadas con las finanzas.

Ejemplos de cómo la IA puede ayudar a identificar y gestionar emociones en el contexto financiero de manera más eficiente

Ejemplo 1: análisis del sentimiento del mercado

Situación: un inversor quiere tomar decisiones sobre la compra o venta de acciones en un mercado altamente volátil.

- **Aplicación de IA:** utilizando herramientas de IA que analizan el sentimiento en las noticias financieras y en las redes sociales, el inversor puede obtener una visión clara de cómo el mercado está emocionalmente cargado. Por ejemplo, si la IA detecta un aumento en los comentarios negativos sobre una acción específica, el inversor puede interpretar esto como una señal de que el sentimiento del mercado es negativo y tomar una decisión informada sobre si vender o mantener sus acciones.

Ejemplo 2: *Chatbots* para soporte financiero emocional

Situación: un cliente de un banco está estresado por una inversión que no ha dado los resultados esperados y busca asesoramiento.

- **Aplicación de IA:** un *chatbot* impulsado por IA, diseñado para detectar el tono y el sentimiento en el lenguaje del cliente, puede ofrecer respuestas empáticas y asesoramiento. Por ejemplo, el *chatbot* puede reconocer signos de ansiedad y ofrecer información sobre cómo manejar el estrés financiero, proporcionando consejos prácticos y conectando al cliente con un asesor financiero humano si es necesario.

Ejemplo 3: reconocimiento de patrones emocionales en la gestión empresarial

Situación: una empresa desea evaluar el impacto emocional de sus políticas y cambios en los empleados y clientes.

- **Aplicación de IA:** la IA puede analizar las encuestas de empleados, comentarios en redes sociales y correos electrónicos para identificar patrones emocionales en la organización. Si los datos muestran que los empleados están frustrados por nuevas políticas, la empresa puede ajustar sus estrategias para mejorar la satisfacción y la moral, basándose en el análisis emocional proporcionado por la IA.

La integración de la inteligencia artificial en la inteligencia emocional ofrece herramientas innovadoras para mejorar la gestión emocional en el ámbito financiero. Desde el análisis en tiempo real del sentimiento del mercado hasta el soporte emocional personalizado a través de *chatbots*, la IA ayuda a identificar y gestionar emociones de manera más eficiente. A medida que la tecnología avanza, su papel en la mejora de la inteligencia emocional en las finanzas seguirá creciendo, proporcionando nuevas oportunidades para tomar decisiones financieras más informadas y equilibradas.

Para contactar con el autor:
emprendimientosdeexitos@gmail.com

Siguenos en mi canal de youtube:
https://www.youtube.com/@emprendedoresqueinspiran